Las Vegas

Jérôme Schmidt

ISBN : 978-99987-801-0-1
Retrouvez-nous sur arbrequimarche.fr
Suivez-nous sur @larbrequimarche_editions
Contactez-nous via contact@arbrequimarche.fr
Couverture : La Sphère
Illustration : Sébastien Jenger – Primo&Primo

PREMIER VOYAGE

Las Vegas

Jérôme Schmidt

L'arbre qui marche

I

J'ai peu appris des échecs. Ce monde clos où tout est déjà prévu a pourtant habité les longues heures solitaires de mon enfance puis de mon adolescence. Le nez penché au-dessus de ce plateau de bois aux soixante-quatre cases ébène et ivoire, j'ai appris par cœur des parties historiques et dévoré la littérature à la recherche de coups spéciaux censés m'ouvrir la porte de l'excellence, mais il a fallu me rendre à l'évidence : je n'étais pas fait pour ce monde fermé et déjà analysé par des générations d'experts. Un monde résolu. Tout comme je ne comprenais pas ce qui motivait les gamins de mon âge à tenter de « passer » des figures de skate pendant des heures, je trouvais désespérément vain de penser un jour me hisser à la hauteur de Fischer, Karpov, Kasparov et consorts – pour finir en gloire locale de mon club de quartier. Il fallait me rendre à l'évidence : je n'étais pas doué pour l'échec.

Sans doute est-ce ce qui m'a immédiatement plu dans le monde du poker et des casinos : au-delà de ses salles réfrigérées où les rayons du jour ne percent presque jamais, au-delà des sommes absurdes qui changent de main dans l'indifférence, c'est avant tout un monde de *possibles*. Un jeu où le hasard entre toujours en compte, surtout lorsqu'on pense avoir tout calculé. Une sorte de revanche injuste sur ce que l'on pense maîtriser. C'est un jeu qui trahit parfois ses idoles, récompense aléatoirement les mauvaises décisions, les *reads* erronés ou les bluffs atrocement construits. Et pourtant, il en existe des champions réguliers, *rock-stars* modernes de l'argent roi – facile ou invisible, selon sa grille de lecture morale. C'est un monde ouvert où tout reste à comprendre et, surtout, à vivre.

Lorsque au printemps 2004, j'ai atterri pour la première fois à Las Vegas afin d'écrire un film sur les joueurs professionnels de poker (*That's Poker*, Arte-CBC, 2007), je ne connaissais rien de ce milieu encore peu médiatisé sur le Vieux Continent. Tout juste en avais-je rapidement appris quelques règles, à la volée, afin de ne pas être complètement perdu par la novlangue qu'utilisent acteurs et actrices de ce milieu codifié. Si je voulais en expliquer la psychologie et les ressorts au grand public, explorer ses coulisses et ses non-dits, il fallait bien que je m'habitue à les comprendre. Se lancer dans l'écriture d'un long-métrage documentaire demandait d'être, pendant des mois, une mouche sur le mur, comme disent les Américains, d'observer mutique ce qui se déroulait sous mes yeux, de suivre ce qui se passe dans la victoire comme dans la défaite, au plus près des personnages. Finaliser l'écriture et le tournage m'a pris douze mois où j'ai plongé chaque nuit dans la vie des joueurs. Par la suite, durant les dix années suivantes, je suis passé de l'autre côté du tapis vert pour replonger dans cette source originelle d'histoires et d'émotions d'un soir.

J'ai ainsi exploré Las Vegas, « Sin City », dans toutes les directions, j'y ai épuisé mon quota de nuits blanches et fait quelques sorties de route ; j'ai cumulé plus de trente-six mois à habiter sur place, tantôt dans des condos luxueux qui dominaient le désert, parfois dans des chambres de motels fifties où la promiscuité et la violence n'étaient jamais loin. J'ai plongé tête la première dans le jeu et son vortex, j'ai pris goût aux parfums pulsés par la climatisation des casinos, mêlés à ceux, plus capiteux, des belles-de-jour qui en arpentent chaque mètre carré à la recherche du pigeon à plumer. J'ai dérivé sur ses longues avenues rectilignes et sa grille urbaine perpendiculaire qui finit toujours au désert ; j'ai poussé les portes de ses églises locales, observé croyants, fidèles et mécréants, avant de partir ailleurs, vers d'autres déserts, d'autres lieux de foi ou de péché. En vingt années, cette ville-champignon sortie un siècle plus tôt d'un sol sablonneux au hasard de la ruée des pionniers vers l'ouest, tout simplement parce qu'il fallait bien faire halte quelque part, s'est transformée, plastique et sans rapport avec l'Histoire, au gré des crises économiques et des flux de touristes. D'oasis inversée – un point d'eau dans le désert qui finit par rincer l'aventurier peu précautionneux au lieu de le réconforter – à ville de tous les possibles où cohabitent des communautés du monde entier venues chercher la rédemption, Las Vegas s'est révélée sans équivalent, et je m'en veux parfois de l'aimer avec tant de passion. Elle a fini par habiter en moi, par changer mon rapport au monde, à l'argent et au hasard. Lentement, elle a infusé cette vision floue de l'altérité et de la morale qui m'habite depuis mes plus jeunes années, brouillant encore plus les codes moraux qu'on m'avait inculqués. Tout y est possible. Tout peut y être expérimenté. Et ce qui se passe à Vegas ne reste pas à Vegas, contrairement à ce que la croyance populaire affirme. C'est un monde en petit, une société à part entière où désirs, frustrations et rêves sont décuplés.

*

Il suffit de vivre une seule fois l'arrivée en avion sur Las Vegas pour comprendre que cette ville n'est pas qu'une destination, mais une expérience. Même les turbulences qui parfois montent des puits de chaleur du désert ne créent aucune angoisse – les passagers débarquant de toute l'Amérique semblent immunisés par une joie qu'ils ne maîtrisent pas. Tous arriveront sains et saufs bien sûr ; ce qui importe, c'est l'après, ce séjour vers lequel ils sont tendus, et où tout peut arriver. Plus on approche de la destination finale, plus les sourires et l'adrénaline prennent le pouvoir, plus la fébrilité sature l'atmosphère. Le personnel de bord se laisse aller à quelques annonces humoristiques au micro, la cohorte de touristes locaux ou internationaux commande bière sur coupe de champagne, et les jeux de cartes jaillissent comme par magie des poches de pantalon, proposant jeux de bataille, de poker ou de black jack entre sièges et travées. L'important c'est de jouer, quelle que soit la manière. Bientôt, « Paradise, Nevada », le patronyme légal de Las Vegas, va accueillir sur sa terre promise une nouvelle délégation de fervents pénitents.

Le tarmac donne directement sur le Strip – cette bande de sable à l'origine de Vegas, et devenue l'artère principale de la ville sous le nom de Las Vegas Boulevard. Là, la ville attend, toute en néons et brillance, l'équivalent de la population française, soit près de soixante millions de passagers aux dernières estimations, qui vont être accueillis dans un déferlement de bruit de machines à sous et de jackpots jusqu'aux portes d'embarquement et autres tapis à bagages. L'aéroport est le principal point d'entrée de la ville, mais une partie des voyageurs arrive également *via* l'autoroute à huit voies I-15, qui relie Los Angeles à Las Vegas en quelques heures vides et pétrifiées par la chaleur.

« La ville attend, toute en néons et brillance, l'équivalent de la population française, soit près de soixante millions de passagers »

Depuis le cockpit, on aperçoit les lueurs de la ville en dessiner la silhouette : tout d'abord le trait de lumière verticale émanant de la pyramide nineties du casino Luxor (situé tout en « haut » du Strip, c'est-à-dire au sud), puis les premiers faubourgs qui bordent le désert, écrin d'un noir absolu comme pour mieux mettre en valeur le joyau urbain constitué par cette Mecque du jeu. « La nuit, on ne voit pas le désert qui entoure Las Vegas », précise le narrateur du *Casino* de Scorsese en ouverture de son film-fleuve dédié à la ville et sa mafia. Les premiers flashs de lumière font écho à l'analyse du philosophe (et architecte) français Jean Baudrillard, qui parle de Las Vegas comme une « ville-simulacre », une « copie de ville qui n'avait jamais existé » : ses reproductions de morceaux empruntés de la culture mondiale (des *palazzo* italiens, une tour Eiffel à grande échelle, de vagues réminiscences du Boardwalk en provenance du New Jersey, des pyramides égyptiennes, une île tropicale, etc.) jalonnent son artère principale comme un tour du monde en taille quasi réelle. Et pourtant, au moment où le train d'atterrissage tape le bitume de la piste, on se rend compte que cette ville-mirage n'est pas qu'une chimère en deux dimensions : derrière le décor de carton-pâte qui fait rêver les touristes d'un week-end venus en prendre plein les yeux, Las Vegas est une ville de chair et d'affects.

*

« Las Vegas, c'est une ville sans histoire », m'a soufflé un jour un joueur de poker qui habite la ville depuis des années – « mon lieu de travail », précise-t-il. Au vu des faits divers qui s'accumulent dans la presse locale, je ne comprenais pas bien. « Sans histoire, littéralement sans Histoire. Avec une majuscule... Sans mémoire, si tu préfères. » Lors de l'un de mes premiers séjours en terre de Nevada, en 2007, j'avais visualisé ce qu'il voulait dire en assistant depuis les fenêtres de mon appartement à la plus grande fête de l'année : la destruction d'un des casinos iconiques de Las Vegas, le Stardust. Ce joyau du Strip, qui avait servi de décor à bien des résidences de Frank Sinatra et de ses camarades du Rat Pack (Sammy Davis Jr, Dean Martin et consorts) mais aussi de décor *in vivo* pour le film de Scorsese, avait été dynamité au petit matin, sous les vivats de *showgirls* en plumes et du maire en frac, coupe de champagne à la main. Le Stardust était ainsi redevenu poussière parmi le sol sablonneux de Las Vegas Boulevard. Ses atomes de jetons, de machines à sous, de tables de craps, de roulettes en cuivre et en bois et autres luxueux fauteuils en velours avaient flotté dans l'atmosphère pendant plusieurs jours, étrange halo d'une densité étonnante au beau milieu des cohortes de touristes en short qui y prêtaient à peine attention.

Quelques années plus tard, j'ai pu me frayer un chemin dans le grand casino Sahara, soudainement abandonné par ses créanciers, et livré aux vents du désert, en plein centre de la ville. Telle une ville fantôme, les milliers de mètres carrés de cette institution s'étaient vidés en une soirée seulement, laissant ses fidèles clients jouer à ses machines et tables jusqu'au 16 mai 2011 à minuit. Et puis ? Extinction des feux.

Accompagné d'une puissante lampe de poche, je m'étais introduit dans la « cage » du rez-de-chaussée, là où étaient entassés auparavant les millions de dollars en liquide de la banque. Le calendrier affichait toujours le seizième jour du mois de mai, les cahiers de comptes étaient abandonnés encore griffonnés de leurs dernières transactions, un Coca éventé trônait à côté d'un vieux PC éteint à la volée. J'avais passé ainsi plusieurs heures à monter dans ses étages, et m'asseoir aux tables de roulette qui tournaient encore. Il ne manquait qu'une musique de film d'horreur, mais j'avais les bruits de pas des autres explorateurs en herbe qui m'accompagnaient. Il avait fallu graisser la patte du gardien pour ce dernier tour du propriétaire. Une douzaine d'années plus tard, alors que le Sahara avait été rasé, reconstruit, racheté puis revendu à deux reprises, on parlait encore d'une fermeture imminente à l'automne 2024. Vegas n'a pas d'attaches ; l'important, ai-je vite appris, c'est d'oublier le passé, et de rêver à l'avenir.

“ Vegas n'a pas d'attaches ; l'important, ai-je vite appris, c'est d'oublier le passé, et de rêver à l'avenir ”

Il y a pourtant un nombre croissant de brocanteurs et antiquaires en ville, notamment dans le quartier branché d'Arts District. S'y trouvent les reliques des années folles de Vegas – jetons, photos dédicacées, affiches de shows –, datant de l'après-guerre jusqu'aux années 1980, avant que la ville ne soit emportée par la tornade blanche de la cocaïne. C'était, m'affirmait le tenancier d'une maison d'enchères située sur Arville

Street (non loin du casino Orleans), « l'âge d'or de Vegas, comme on parle de l'âge d'or d'Hollywood. Les filles étaient sublimes, les meilleurs musiciens jouaient tous les soirs, les gens claquaient de l'argent et s'habillaient pour sortir. C'était l'époque où la mafia tenait le business, ça tournait tout seul, et personne ne se plaignait... » Depuis, près d'un millier de brocanteurs se repaissent de cette nostalgie d'un passé fantasmé : « Nos plus grosses ventes, c'est les machines à sous mécaniques... minimum 10 000 dollars si elles fonctionnent. Et puis, après, les costumes de scène de Sinatra, Siegfried & Roy, Sammy Davis... Ça, tu peux t'acheter une maison avec ! »

À part ce business du souvenir, la ville n'est plus célébrée que comme une narration du futur, un projet pour continuer à y croire. À chaque nouvelle annonce de casino, la presse locale fait ses gros titres sur « LE FUTUR DE LAS VEGAS ». En deux décennies, j'ai eu le temps de constater que ce futur est parfois bien hypothétique, même si la ville a été profondément remodelée, dans un sens que peu attendaient ou espéraient. C'est, de fait, le nord de Las Vegas, autour de son *Downtown* historique (Fremont Street), qui a le plus changé de visage. La rue principale de Fremont Street abrite en effet les seuls souvenirs protohistoriques de la ville, avec ses casinos anciens mais maintes fois retapés comme l'El Cortez, le Golden Nugget, le Plaza, le Golden Gate ou le Four Queens. Tout autour, jusqu'à encore récemment, existait une zone de non-droit peuplée nuit et jour par les silhouettes vacillantes des toxicomanes et les berlines *tunées* des gangs. « Naked City » ou « Glitter Gulch », comme la surnommaient les locaux, consistait en un large quartier où s'alignaient motels dénudés promettant chaînes porno gratuites en chambre, locations de longue durée aux murs éventrés et aux fenêtres ébréchées, supérettes tenues par des caissiers armés et retranchés derrière des barreaux d'acier. Personne n'osait alors sortir du havre sécurisé de Fremont Street pour se laisser engloutir par Naked City, sauf avec de mauvaises intentions. Les habitants plaisantaient, en 2004 lors de ma première venue à Las Vegas, sur le fait qu'il fallait en moyenne moins de trois minutes pour y être agressé. Après avoir rapidement calculé mes chances d'en sortir vivant, réflexe de joueur oblige, j'avais repoussé l'exploration.

*

Fremont Street et Naked City combinent ainsi Histoire et histoires. Le Strip n'est que de l'écume pour touristes, m'affirment les habitants de la ville qui n'y mettent presque jamais les pieds. Au début de la décennie 2010, les motels ont commencé à fermer au nord de la ville, les patrouilles de police à multiplier les rondes jusqu'à garer des véhicules blindés légers en permanence à certains carrefours. Je me suis dit

« Le Strip n'est que de l'écume pour touristes, m'affirment les habitants de la ville qui n'y mettent presque jamais les pieds »

que c'était le moment de tenter ma chance, attiré par cet alignement de vieux néons et de vies brisées. Les marges, les zones blanches m'attirent comme des aimants, et passer de l'autre côté du décor me permet de mieux comprendre cette ville-simulacre. Simulacre ou monstre, d'ailleurs, je ne sais pas encore, je ne fais que la deviner à travers les récits de ses écrivains. Je veux voir ce qu'elle a dans le ventre, sans renier le plaisir simple du jeu, des paillettes et de l'émerveillement, pour leur donner plus de relief, plus d'ancrage humain, et reconnaître la ville dans toutes ses dimensions. Il m'a fallu quelques années pour me frayer un chemin dans les allées de Glitter Gulch – aventurier mais prudent. Les *hustlers* et *corner boys* continuaient à aborder les rares passants, sans arme ni violence cette fois, pour leur soutirer quelques dollars ou leur vendre à l'emporte-pièce toutes les drogues du marché.

J'ai ainsi pu atteindre l'un des plus beaux motels de ce quartier historique, d'une nostalgie à couper le souffle : le Blue Angel Motel qui consistait en trois bâtiments distincts de deux étages, peints d'une couleur bleu pâle qui accusait les années. Sa piscine fifties avait fait les beaux jours des familles nombreuses américaines d'après-guerre, quand ces quelques rues situées à la pointe nord de l'agglomération charriaient une certaine idée de l'*American Dream*. Tout au-dessus trônait un petit chef-d'œuvre d'*arte povera* local, créé par Betty Willis, une artiste qui avait insufflé la direction artistique globale de Las Vegas, notamment en créant son fameux panneau « *Welcome to Fabulous Las Vegas* ». Cet ange bleu pâle, hâtivement sculpté, tournoyait lentement au gré des vents, sa baguette jaune offerte aux scintillements du soleil de plomb, bénissant sans mot dire la population du vieux Las Vegas comme un prêtre des défavorisés l'aurait fait dans cette cour des miracles permanents. J'y ai rencontré un journaliste local, Matthew O'Brien, qui en avait exploré toute la richesse humaine, vivant sur place afin d'en rencontrer les habitants. En faisant le tour des bâtiments, il m'avait présenté la galerie de personnages qui y avaient trouvé refuge : une famille mexicaine sans papiers qui tentait de passer entre les mailles de la police en menant une vie sous les radars ; plusieurs vétérans de la guerre du Vietnam aux infirmités diverses, physiques ou mentales, qui louaient leurs chambres au mois grâce à des aides sociales, et tentaient leur chance dans les casinos pour locaux ; des couples illégitimes qui se retrouvaient pour « prendre du bon temps », comme ils le disaient tous. C'était une communauté en petit, un résumé de l'Amérique déclassée, un terreau *redneck* ou migratoire comme la majeure partie de la banlieue du North Las Vegas.

L'histoire de Las Vegas se cache dans ses interstices, et notamment dans les quartiers qui n'ont pas encore été rasés parce qu'ils n'intéressent personne. À chaque voyage, je retournais rendre visite à l'ange bleu, baptême express et muet avant de retourner dans les vieux casinos du Downtown. J'ai beau être agnostique, je n'en suis pas moins superstitieux : toute chance est bonne à prendre avant d'aller affronter le hasard, à coup de numéros pleins à la roulette, 20 dollars sur chaque case fétiche : les 11-14-17-27-29-33 aux tables du El Cortez. Puis, au bout d'une douzaine de visites, plus rien : l'ange s'est retrouvé terrassé, le motel rasé, et seules restaient les poussières de sa baguette gisant encore au sol au beau milieu du parking abandonné. Comme le Stardust, comme le Monte-Carlo, comme le Aladdin, comme le Moulin Rouge, comme le Dunes, comme le Castaways, comme le El Rancho, comme le Boardwalk, comme l'Hacienda, comme le Fiesta Rancho, comme le New Frontier, comme le Bourbon Street, comme le Showboat, comme le Mint, comme l'El Morocco, comme le Landmark, comme le Silverbird, comme le Sands.

À Vegas, l'Histoire ne dure qu'un temps, et les principaux restes du passé se retrouvent un peu plus au nord de la ville, au bien nommé Neon Museum, un vaste champ désertique géré par des étudiants en histoire de l'art de l'université publique du Nevada. Ils s'activent pour recueillir des capsules de temps récupérées ici et là. Le lieu est fascinant, presque jamais visité par les touristes d'un week-end qui se fichent bien de l'histoire du lieu et de ses habitants. En y déambulant à la recherche d'un décor pour le tournage de mon film, en 2005, j'avais pu slalomer entre des gigantesques monstres d'ampoules et d'acier rouillé, anciennes enseignes des années glorieuses de Las Vegas. Le soleil couchant du désert, d'un orange brûlant, rendait chacune de mes visites sur place plus cinématographique encore, et je me suis mis à apprécier de plus en plus cette sérénité et cette solitude au milieu des échos étouffés d'hommes et de femmes qui avaient vécu, joué, gagné et perdu dans des décors désormais abandonnés. Pendant un temps, la statue du Blue Angel s'y est retrouvée à même le sable, au beau milieu des autres symboles de la ville. Puis elle est réapparue un peu plus loin, sortie du musée pour reprendre ses bénédictions depuis sa fausse colonne en redonnant au quartier une illusion d'Histoire.

*

Un autre ange gardien est apparu sous les traits de Tony Hsieh, un *business-angel* aux rêves de gentrification. L'homme était un néomillionnaire d'Internet après avoir vendu les parts de sa première grosse société à Microsoft pour plus de 250 millions de dollars. Attiré lui aussi par les chants lancinants des tables de poker, Hsieh avait fait de Las Vegas sa deuxième maison. À partir de 2009, celui qui avait choisi pour promesse de « livrer du bonheur » (*Delivering Happiness*) s'est lancé dans l'achat de la plupart des motels et parkings abandonnés du centre-ville. Ce qui ne ressemblait au départ qu'à un investissement opportuniste, multipliant les acquisitions pour quelques dollars symboliques de milliers de

« Tony Hsieh s'est lancé dans l'achat de la plupart des motels et parkings abandonnés du centre-ville »

mètres carrés vacants, a vite pris une ampleur inattendue. L'afflux d'argent frais a rebattu les cartes, et l'arrivée de nouveaux employés de la tech rendait tout à coup désirables ces quartiers infréquentables. Très vite, Hsieh, poussé par la douce euphorie des mécènes, a financé l'ouverture d'une librairie indépendante, The Writer's Block, mais aussi de disquaires, de brasseries de bières artisanales, de restaurants bio. Tout l'attirail de San Francisco et Brooklyn réuni au beau milieu des *meth-heads* de Glitter Gulch/Naked City. Vegas se transformait, prenant tout à coup les atours d'une mégalopole hipster américaine, où clients à bonnet vissé sur le crâne commandaient un latte à 6 dollars (plus *tips*) en fouillant les rayons LGBTQI+ de l'édition indépendante américaine. La douce mais irréversible mécanique de gentrification était lancée, et rien ne semblait pouvoir l'arrêter. Le « futur de Las Vegas » se jouait-il finalement là où on ne l'attendait pas, et dans des modalités déjà éprouvées dans toutes les grandes villes du monde ?

Bien sûr, j'ai suivi cette évolution avec intérêt, retrouvant tout à coup les codes de ma vie éditoriale parisienne dans cette ville du jeu qui semblait jusque-là vide de toute ambition intellectuelle. J'étais heureux de retrouver mes repères, mais d'où venaient tous ces branchés ? On parlait Daniel Clowes et Charles Burns, on s'échangeait la revue littéraire *The Believer* et on se posait en terrasse (sécurisée par des gardes présents nuit et jour) au MotherShip Coffee, créé dans l'un des *strip-malls* branchés financés par Hsieh tout au long d'East Fremont. Lorsque je suis revenu à Las Vegas en 2024, après dix années d'absence, je me suis naturellement dirigé vers ce quartier dès l'arrivée afin de constater les effets de la gentrification. Tout était encore en place, et les lieux ne désemplissaient pas d'un public de plus en plus jeune.

Comme souvent aux États-Unis, les mondes parallèles coexistent sans jamais se croiser. Pourtant, Las Vegas est l'un des rares endroits où les couches de la société finissent par se rejoindre, le plus souvent à la table de jeu, lissant social s'il en est, où les strip-teaseuses posent leurs piles de billets de 5 dollars à côté de riches industriels texans, de mères de famille du Montana venues enterrer une vie de jeune fille, d'ouvriers latinos du North Las Vegas et même de mormons qui peuplent depuis bien des années ce lopin de désert. Le Downtown remodelé par Hsieh est cependant resté, malgré la décennie passée depuis sa création, une sorte de bunker sans murs, posé comme une maquette gigantesque dépliant ses valeurs progressistes en pleine Amérique pauvre (au nord) et conservatrice (à l'ouest).

« Las Vegas est l'un des rares endroits où les couches de la société finissent par se rejoindre, le plus souvent à la table de jeu »

La mort de Hsieh dans de tragiques circonstances quelques années plus tard a stoppé en plein vol l'élargissement de ses rêves d'un autre Vegas, mais son héritage reste tangible : en injectant plusieurs centaines de millions dans cette utopie bien réelle, il a redonné un élan insoupçonné à une partie de la ville que beaucoup donnaient à jamais pour morte. Les grosses entreprises de casinos ont repris la main, et le gigantesque Circa est sorti de terre au début de la décennie 2020 en pleine tempête du Covid, sur les lieux de l'ancien Vegas Club. Comme toujours à Vegas, il incarne le « futur de Las Vegas », avec son immense salle de paris sportifs entourée de piscines. Un casino « pour adultes », loin de la vague des casinos/parcs à thèmes nés dans les années 1980 et 1990, comme le Treasure Island et son bateau pirate, ou le cacochyme Circus et ses néons de clowns angoissants. Du rêve de Hsieh reste tout le versant Est de Fremont Street remodelé, avec ses tacos végétariens, ses cours de pilates, ses stands de naturopathe et ses sculptures en acier recyclé qui s'agitent dans la nuit en crachant du feu, avatars mécaniques des statues new age du Burning Man qu'affectionnait tant le mécène.

*

L'histoire de Las Vegas est émaillée de grandes figures, parfois tragiques, qui modèlent la ville au gré de leurs fantasmes. Vegas est plastique, tout y est possible : la place ne manque pas, le prix des terrains fluctue au gré des crises financières du pays, et aucune règle d'urbanisme ne régit la *skyline* du désert. Hsieh a marqué son époque en mêlant entrepreneuriat et volonté sociale, voire écologique, ce qui est rare dans cette région de hors-la-loi. Une sorte d'exact opposé des bandits texans des débuts de Las Vegas, notamment le créateur des World Series Of Poker, le très controversé patriarche de la dynastie Binion. Benny Binion, meurtrier et bookmaker de parties illégales à Dallas et Fort Worth, a fui son État de naissance pour y fonder le premier empire du jeu 100 % américain dans les années 1940 – une entreprise qui a prospéré dans le centre-ville de Las Vegas, en se répartissant intelligemment le territoire avec les grandes familles italiennes.

Au-delà de la présence de la mafia italienne des deux côtes américaines dans le Las Vegas d'avant et d'après-guerre – présence documentée et assumée, jusqu'à créer un « Mob Museum » au cœur de Las Vegas, l'un des musées les plus visités en 2024 –, la prise en main de la ville par de grands groupes (MGM, Caesars, Genting, etc.) a toujours laissé une place à des outsiders, figures tragiques et flamboyantes aux créations hors du commun. Ces jokers tracent des lignes de fuite depuis le centre de la ville, expérimentent et font évoluer Las Vegas « à coups de marteau » tandis que les géants du jeu ramassent la mise. Ce sont eux, ces aventuriers, qui esquissent à chaque fois les futurs de Vegas, avant de laisser la place à des entreprises de terraformation de la ville et de ses désirs.

Si la légende raconte que le désert du Mojave abrite autant de corps enterrés par la mafia ou la police que Las Vegas compte d'habitants, de leur côté, les personnalités qui font la ville survivent en donnant leurs noms aux rues, une forme de cadeau de la mairie à ses visionnaires. Des blocs se créent, des quartiers entiers, puis sont délaissés.

❝ La légende raconte que le désert du Mojave abrite autant de corps enterrés par la mafia ou la police que Las Vegas compte d'habitants ❞

Le supposé « Arts District » notamment, au nord de la tour-épingle Stratosphère, a été construit, détruit et repensé plusieurs fois durant mes vingt années d'allers-retours dans la ville. Au pied de cette tour maudite érigée par Bob Stupak, l'un des plus flamboyants milliardaires du jeu, un quartier des indigents s'est établi, il a laissé place à de vieux joueurs venus s'offrir jetons, paquets de cartes et formations de croupiers dans un de ses Gambler's Stores, puis à des brocanteurs et des antiquaires à partir de 2010 environ, avant de s'effacer devant un nouveau quartier branché de restaurants bio et de vins naturels du monde entier. En 2024, toute la scène *fooding* s'y étale jour et nuit, multipliant les bars clandestins pour New-Yorkais et Californiens de passage qui fuient le désormais trop populaire Downtown. À un bloc de là, les travers de Vegas et de ses populations dopées au jeu reprennent possession des lieux : aux cocktails savamment préparés succèdent d'étranges huttes affichant en énormes lettres « BAIL BONDS ». Ce sont des prêteurs sur gages alignés sur un bon kilomètre autour de South 2nd et 3rd Street, les ruelles menant au tribunal de justice du comté de Clark.

*

La Stratosphère créée par Bob Stupak reste un pivot, à la fois temporel et géographique du Las Vegas contemporain. Elle se place au rang des projets architecturaux les plus fous – d'aucuns diront idiots – de l'histoire de la ville, ayant coûté à son créateur, ancien organisateur de parties clandestines de craps, plus de 200 millions de dollars lors de sa construction en 1992. Mais le milliardaire, alors équivalent survolté et nevadien du Trump de la côte Est, n'en avait que faire : après être devenu une célébrité télévisée avec son Bob Stupak World, premier casino à proposer des jackpots dépassant le million de dollars dans les années 1980, il frôle la mort lors d'un accident de la route terrible qui le laisse avec tous les os du corps brisés. La Stratosphère est son dernier geste, certains l'ont trouvé punk – un si petit casino dans une si grande tour –, d'autres diront ultralibéral. Associé au solide et roué Lyle Berman, il a changé le visage de Vegas au milieu des années 1990, brisant la *skyline* urbaine avec cette épingle haute de trois cent cinquante mètres (et son toboggan donnant dans le vide), et recentrant symboliquement le cœur de Las Vegas Boulevard. Au nord de la Strat', un énorme no man's land – une véritable *no go zone* de l'avis de tous les habitants de la ville – de plusieurs kilomètres sépare le Strip riche du Downtown pauvre.

Comme bien des hôtels-casinos reposant sur un concept grandiloquent, la Stratosphère n'a pas résisté aux années et sombre petit à petit pour devenir l'un de ces grands espaces de jeu délaissés, hantés par la folie de leur créateur. Il suffit d'y glisser une tête, le plus souvent afin de goûter à la climatisation glacée d'un casino au beau milieu d'une balade sur le Strip, pour être immédiatement happé par son odeur de tabac froid, par la solitude de ses silhouettes qui se traînent d'une salle de bingo bondée à une *poker-room* sinistrée. Peu de croupiers officient aux tables, tandis que la sécurité patrouille jour et nuit afin d'assurer un minimum de sérénité aux clients qui fréquentent encore l'endroit. Comme bien des projets, la Stratosphère n'a jamais été à la hauteur de ses rêves.

Las Vegas continue à s'inventer de nouveaux symboles architecturaux. En 2023, c'est une forme drastiquement opposée à la Stratosphère qui s'empare de la *skyline*. Il suffit d'un travelling oculaire depuis l'un des nombreux *rooftops* du centre (au choix, le Voodoo's Lounge du casino Rio, le Ghost Bar du Palms) ou depuis la chambre d'un palace comme le luxueux Wynn & Encore pour s'émerveiller de la dernière création de la ville : la Sphère, salle de concert qui affiche sur sa surface lisse des animations vidéo publicitaires ou graphiques, allant de la promotion d'un énorme M&Ms rouge à un personnage s'ébrouant en 3D sur 200 mètres de large, réveillant la ville et la scrutant d'un regard bonhomme. Elle est devenue une présence inéluctable : il est impossible de s'endormir sans croiser son regard numérique. À 2,3 milliards de dollars le coût de construction, cette boule de 112 mètres de haut et de 150 de diamètre est vite devenue la première attraction de la ville *via* ses projections « immersives » sur « le plus grand écran du monde » avec un son « à couper le souffle grâce à 164 000 haut-parleurs ».

*

Les années passant, il semble qu'il n'y ait pas que le jeu pour animer Las Vegas. Pas que les rouleaux de billets qui dépassent des poches de pantalon. Pas que les machines à sous devenues, au fil des années, jeux vidéo pour grands enfants, à coup de pièces de 1 cent qui se jouent par poignées de dollars. Pas que les bingos géants des vieux casinos du Nord, les Poker Plaza et autres Jerry's Nugget où se retrouvent chaque matin dès 11 heures les retraités venant des campings à caravanes avoisinants. Pas que les vidéo-poker coincés entre la caisse et les toilettes au sein même des stations-service, des épiceries ou des bars de toute la région. Pas que les salles High Limit qui accueillent les *whales* du monde entier, ces ultrariches venus perdre pour passer le temps, sous le regard énamouré des serveuses, des chefs de partie et, surtout, des caméras de vidéosurveillance qui assistent, repues et satisfaites, au flux continu des milliers de dollars qui passent d'une main à l'autre.

Il n'y a pas que le jeu : il y a aussi et surtout le fun. On vient à Las Vegas comme on irait passer un week-end à Disneyland : pour le plaisir simple, la joie béate et addictive des attractions qui jalonnent le Strip, ou le frisson d'obtenir un billet pour l'un des shows proposés par les casinos trois fois par soir. Dans cette grande industrie du spectacle qui domine Las Vegas depuis plus de deux décennies, le Cirque du Soleil a fait une OPA sur le fun. Le destin de son créateur, le Canadien Guy Laliberté, passé de cracheur de feu altermondialiste des rues enneigées de Montréal à entrepreneur milliardaire de cirque contemporain, répond en tout point au fantasme du self-made-man promu par la ville. Des trajectoires singulières, des destins météoriques, tous les grands noms qui ont marqué la ville en ont connu. Dans une décennie peut-être – un millénaire ou presque, en temps vegassien – naîtra sûrement Laliberté Avenue, afin de rendre hommage à celui qui a fait basculer la ville dans le spectacle.

« Le Cirque du Soleil a fait une OPA sur le fun. Le destin de son créateur, le Canadien Guy Laliberté, répond en tout point au fantasme du self-made-man promu par la ville »

Avant lui et son cirque multimédia, l'industrie du fun de Las Vegas, c'était des magiciens – Siegfried & Roy, David Copperfield bien sûr – et les successeurs des crooners italiens époque Rat Pack. L'arrivée du Cirque du Soleil au début des années 1990 a changé la ville. La troupe pose son chapiteau dans le parking du casino Mirage, l'un des joyaux de l'empire de Steve Wynn, et lance son premier spectacle intitulé *Mystère*.

Elle multiplie ensuite les créations grandiloquentes, avec *O* au casino Bellagio, *Zumanity* au New York New York, *Ka* au MGM Grand, et *Love*, un spectacle autour de l'œuvre des Beatles, approuvé par McCartney et consorts, au casino Mirage à partir de 2006. En quinze ans, Laliberté remodèle la ville, il fait venir des milliers de trapézistes, danseurs, musiciens, preneurs de son, vidéastes du monde entier, et déploie ses images oniriques sous forme de grands spectacles familiaux aux touristes venus dans le désert du Mojave couper avec la réalité. Rêver. Imaginer. Décrocher.

Guy Laliberté aspire l'énergie de la ville, puis c'est la ville qui l'aspire. Le jeu s'empare de lui, et l'histoire de Las Vegas se joue à nouveau. Il commence à fréquenter les parties les plus folles, au Big Game, dans la Bobby's Room du casino Bellagio où se produisait son Cirque du Soleil depuis plus de quinze ans. Des parties se montent autour de lui, avec des joueurs professionnels venus du monde entier, attirés par l'odeur de l'argent facile : on les appelle les *sharks*, qui tournent autour de leur victime avant de la prendre à la gorge. Chaque soir, plusieurs millions de dollars changent de main. Peu importe, le Cirque fait tourner les têtes, et la billetterie tourne à plein. Laliberté met même un point d'honneur à ne jamais gagner contre moins riche que lui. « Il était tellement pris dans le jeu, m'avait un jour relaté un très riche joueur danois habitué de ces parties au Bellagio, qu'il ne voulait pas interrompre la partie alors qu'il avait rendez-vous avec McCartney et son staff pour son show *Love*... » Le volume de ses spectacles l'a sauvé *in extremis* de la banqueroute, et il a fini par délaisser les parties flamboyantes pour revenir à ses premiers amours, une vie de bohème assez éloignée de celle d'un milliardaire de Las Vegas.

Pendant quinze ans, jusqu'à la fin de la décennie 2010, le nouveau roi de Vegas a été canadien. Avant de finir déchu, il a su tirer sa révérence, laissant derrière lui un héritage de spectacles gentiment kitsch et toujours surproduits qui ravit des générations. En embuscade, les stars de la musique pop ont alors fait leur retour. Céline Dion, Britney Spears, Adèle, U2 : la file d'attente s'allonge pour décrocher une résidence dans l'un des casinos de la ville ou, plus récemment, dans la grande arène vitrée de la Sphère. Avec, à la clé, des contrats de centaines de millions de dollars, une villa dans le désert avec hélicoptère pour rejoindre sa scène chaque soir, et des billets à plusieurs centaines de dollars qui s'arrachent dès la mise en vente. En devenant une salle de concert permanente, Vegas s'ouvre au public le plus large, qui vient de tous les États-Unis admirer ses idoles en oubliant que le reste du monde existe.

*

Las Vegas a fini par abriter toutes les grandes passions de l'Amérique. À chaque public s'offre un lieu. À coups de superlatifs, les congrès et *conventions* se muent en championnats du monde. Le poker, bien sûr, puisque c'est ce qui m'y amène chaque été depuis 2004, mais aussi le salon du cinéma X, de la technologie, ou les championnats du monde de rodéo, qui permettent à Vegas de combler le manque de fréquentation familiale en hiver. Il suffit d'aller faire un tour du côté du South Point Hotel & Casino, tout au sud de Las Vegas Boulevard, pour mesurer l'étendue et l'importance de l'évènement. À chaque fois la ville enfile un nouveau costume et s'adapte aux désirs de chacun, tout comme sa désormais incontournable Sphère se pare des couleurs de n'importe quel annonceur, pourvu qu'il y mette le prix.

En remontant le Strip depuis le casino Wynn en direction du South Point, je passe devant le Caesars, toujours debout et dégoulinant de marbre eighties, puis le Bellagio, lieu des plus belles parties de poker pendant deux décennies, avant de laisser derrière moi le grand espace vitré du City Center où l'Aria, le Vdara et le Mandarin Oriental rivalisent de luxe. Leurs façades de verre semblent s'éclipser face aux néons et aux reflets qui les aspirent. C'est juste après, comme le confirme mon chauffeur du jour, que cela se corse : les boutiques et casinos cinq étoiles laissent place à de vieux établissements thématiques tels que le New York New York et, sur le même côté, l'Excalibur et ses tourelles de carton-pâte, dont beaucoup annoncent la fermeture

« Vegas a pourtant besoin de lieux à 30 dollars la nuit et buffet à volonté pour moitié prix »

depuis des années. Vegas a pourtant besoin de lieux à 30 dollars la nuit et buffet à volonté pour moitié prix, me confirment tous mes interlocuteurs qui y voient la survivance d'un certain esprit, avant que les cryptomillionnaires n'y plaquent leur démesure. J'ai moi-même séjourné lors d'un voyage, en 2019, à l'Excalibur puis au Mandarin Oriental, alors que toute la ville était envahie par les fêtards de l'*Electric Daisy Carnival* (un festival de danse électro) et que seuls ces établissements disposaient de chambres. Le contraste était radical : je suis passé des longs couloirs empestant le graillon de l'Excalibur, de son *food-court* bondé nuit et jour et de ses chambres gigantesques mais tachées de la moquette au plafond, au raffinement silencieux du vingt-huitième étage d'une suite au Mandarin. Là, plus de bruit de machines à sous ni de familles envahissantes, juste une vue imprenable sur les fontaines du Bellagio et les néons scintillants du nord de la ville. Le prix, pourtant, était le même : les congrès et évènements qui remplissent les hôtels à près de 100 % lissent les tarifs de manière parfois spectaculaire.

Après le faux château fort, on dépasse le signe du *Fabulous Las Vegas*, toujours entouré de voitures en double file et de perches à selfie. Le trafic se fait alors moins dense, alors qu'on laisse derrière soi la pyramide en verre fumé du Luxor et son « faisceau de lumière qu'on aperçoit de la Lune », et le luxe d'un blanc éclatant du Riviera, qui rappelle les années mafieuses de l'après-guerre. Les taxis et limousines se disputent désormais le boulevard à deux fois cinq voies avec d'étranges compagnons d'infortune : des bus entiers contenant des dizaines de chevaux musculeux ou des taureaux piétinant sur place. Pendant trois semaines, chaque année, les Stetson prennent le pouvoir, remplaçant la foule bigarrée par une nuée de chapeaux, de boots et autres accessoires de rodéo. Alabama, Wisconsin, Mississippi et bien sûr Texas arrivent en force, repeuplant le Strip et surtout le Downtown, selon l'origine sociale de ces visiteurs, qui affirment haut et fort leur identité américaine. Avec eux, les taureaux s'appellent « The Trump Train » ou « MAGA Warriors », odes et hommages assumés à Trump et son Amérique blanche conservatrice. Il suffit, d'ailleurs, d'aller faire un tour du côté de la Trump Tower aux fenêtres plaquées or pour observer les plus fiers de leurs représentants faire la queue en habits de soirée afin de saluer l'ancien président américain venu pour l'occasion. Pendant dix jours, cette ville plastique qu'est Las Vegas change de nom, de peuple, d'apparence, énième empilement de réalités disjointes. Chaque soir, les foules en délire jettent en l'air leur Stetson dans un déluge de cris et de « *Yipeeeee Yeah* » stridents dans la grande arène jouxtant l'université. Ma curiosité m'a joué des tours, et je suis allé voir. Après avoir trouvé une entrée à prix d'or, j'ai passé la soirée comme un intrus, au milieu d'une foule WASP dont les codes me seront à jamais étrangers. J'en suis reparti abasourdi, abandonnant l'idée de trouver un taxi, et arpentant West Flamingo Road à grands pas afin d'éviter les mauvaises rencontres.

*

Il suffit de se connecter, un soir de pleine lune, aux communications radio de la LVPD, la police de Las Vegas et du comté de Clark, pour vivre les yeux fermés toute la folie et la démesure d'une ville qui oublie ses limites. On y entend les grésillements des appels, les voix affolées des victimes, les signalements des agents de sécurité des casinos, la novlangue sécuritaire d'un pays en proie à tous les débordements. Ce qui se passe à Vegas reste à Vegas, prétend l'adage, mais les communications de la LVPD finissent toutes sur un compte Twitter officiel qui fait la joie des locaux. Comme un drone monocorde, plein de drames et d'aventures, qui m'accompagne lors de mes nuits loin de Vegas et de son Strip.

Las Vegas – Agent de sécurité répondant à un signalement au niveau d'un arrêt de bus sur le Strip – un sujet inconscient tient une bouteille de tequila vide – l'appel précise que le sujet porte un « costume intégral de grizzly » et « ronfle très fort ».

Las Vegas – Sécurité d'un casino du Downtown, en réponse au signalement d'un individu – l'homme signalé joue à une machine à sous tout en se parlant à lui-même et en caressant un poulet visiblement en bois.

Las Vegas – Sécurité en patrouille aux alentours du casino Virgin, appel en provenance du parking – un groupe de manifestants chrétiens bloque la sortie du casino afin de « protester contre les pécheurs de cette ville » – les policiers vont procéder à leur évacuation.

Las Vegas – Sécurité d'un casino du Strip, en réponse à un signalement en provenance de l'hôtel – une femme de chambre a signalé des cris et des hurlements et un vacarme en provenance d'une des suites – les officiers sont allés vérifier auprès des occupants de la chambre qui précisent que « personne ne se bagarre » et qu'ils « sont juste en train de tourner un film pour adultes ». Les constatations des policiers sur place confirment cette version des faits.

Las Vegas – Sécurité d'un casino du Downtown, en réponse à un signalement anonyme – un suspect, de type masculin et caucasien, joue au vidéo-poker avec une poussette pour enfants à ses côtés – la poussette abrite un large serpent, vivant – le suspect a déclaré aux agents de sécurité que le serpent est son « animal de réconfort » qui lui « porte chance ».

Las Vegas – Sécurité d'un casino du Strip répondant à un signalement de la vidéosurveillance de l'ascenseur de l'hôtel – un sujet féminin visiblement éméché urine dans un coin de la cabine d'ascenseur – l'appel précise que le sujet assure passer un test de grossesse. Nettoyage à venir.

Las Vegas – Sécurité d'un casino du Strip, en réponse à un appel signalant un individu au comportement inadéquat – un homme ivre fait le tour de la salle des paris sportifs en demandant à chaque individu masculin s'il est circoncis ou non – le suspect est un homme de type caucasien portant un T-shirt des Buffalo Bills.

Las Vegas – Sécurité d'un immeuble locatif de Paradise Road – appel à propos d'un trouble à l'ordre public – le locataire, de sexe masculin, se plaint que son ex-petite amie vient de déféquer devant sa porte – le sujet est en train de dessiner des sexes masculins en grand avec ses excréments sur la vitre de l'appartement – le plaignant précise avoir peur de lui ouvrir la porte.

Las Vegas – Sécurité d'un casino du Strip, en réponse à un appel de l'hôtel – l'appel précise qu'un « ami a pris énormément de drogue de nature inconnue » – le sujet se roule par terre dans la chambre en hurlant « je prends feu ! » – l'appel insiste sur le fait que personne n'a pris feu.

Las Vegas – Sécurité d'un hôtel du Strip, en réponse à un appel d'un résident – la cliente signale qu'elle a ouvert la table de nuit de sa chambre, afin d'y trouver la Bible, mais que le livre est recouvert de lignes de poudre blanche – la plaignante pense que « c'est peut-être de la drogue ».

Las Vegas – Sécurité d'un magasin de souvenirs du Downtown – vol en cours – le sujet a rempli ses poches de pin's, autocollants et verres-souvenirs, et a enfilé une douzaine de T-shirts Las Vegas sur lui – actuellement en train de tenter d'échapper aux employés qui le pourchassent.

Las Vegas – Sécurité d'un casino en dehors du Strip, en réponse à un appel anonyme – un conducteur garé à côté a fait monter trois prostituées dans sa camionnette – l'appel précise qu'il essaie de dormir mais que ses voisins font « beaucoup de boucan ».

Las Vegas – Sécurité d'un casino du Downtown – demande aux urgences médicales de se rendre sur place – le sujet est « en état de délire » et s'écrase des cannettes de bière sur le front – le sujet est en sang, inconscient, assis au bar de vidéo-poker.

Las Vegas – Sécurité d'un casino du Strip, en réponse à un signalement concernant les toilettes pour hommes – un suspect ivre essaie de partager son urine avec les autres clients – le sujet est actuellement en train de les asperger du liquide et de se moquer d'eux – l'appel précise que le sujet « pourrait bien être victime de coups en réponse à ses actes ».

Las Vegas – Sécurité d'un casino du Downtown, en réponse au signalement d'un suspect, homme de type caucasien, qui essaie de frapper au hasard les passants – le suspect porte un T-shirt SF49ers, et il est emballé dans un drapeau américain, tout en hurlant « qu'il a tout perdu dans un pari sportif à la con ».

Las Vegas – Brigade de sécurité à vélo de Fremont Street, en train de suivre un individu commettant des troubles à l'ordre public – l'homme, visiblement ivre, a renversé une poubelle, s'est déshabillé et a enfilé le sac-poubelle pour tout habit – le sujet se dirige actuellement vers les tables de craps du casino.

Las Vegas – Sécurité d'un casino du Strip, en réponse au signalement d'un individu – l'homme se promène dans le casino en demandant à chaque employé où il peut acheter des machettes ou des couteaux de boucher – le sujet précise qu'il « a besoin du maximum possible ».

Las Vegas – Sécurité d'un casino du Strip, en réponse à un appel d'un de leurs restaurants haut de gamme – un individu a été signalé avec un comportement douteux – l'homme est torse nu et il est entré dans la salle en courant, avant de se mettre à jouer très fort au saxophone, importunant les clients présents.

Las Vegas – Sécurité d'un casino du Downtown, en réponse à un signalement – le responsable des jeux de table signale un joueur en colère – le sujet a quitté la table violemment et se frappe la tête contre le mur depuis plusieurs minutes.

Las Vegas – Sécurité d'un casino du Downtown, en réponse au signalement d'une altercation entre deux clients – l'homme et la femme se disputent violemment – la femme affirme que l'homme a menacé de « violer son chien ».

Las Vegas – Sécurité en patrouille sur le Strip, en réponse à un appel du fast-food Denny's signalant une dispute entre deux groupes de clients – une femme hurle des insultes aux autres clientes – le sujet est actuellement en train de jeter des centaines de pommes de terre en direction des équipes du fast-food.

Las Vegas – Sécurité d'un casino du Strip, en réponse à un signalement – une femme ivre dort « à moitié » contre une machine à sous – l'individu est une femme de type caucasien portant une robe noire courte ornée d'un bandeau « FUTURE MARIÉE » *– l'appel précise que le sujet vient de vomir très largement sur l'amie qui l'accompagne.*

Las Vegas – Sécurité d'un casino du Strip, en réponse au signalement d'un individu présent dans la salle de paris sportifs – l'homme aborde les autres clients et joueurs en leur indiquant qu'il est « un prophète de Dieu qui peut les aider à gagner leur pari ».

Las Vegas – Sécurité d'un casino du Downtown, en réponse au signalement d'un objet trouvé – l'employé de nettoyage a retrouvé un « jouet pour adultes » fixé au mur des toilettes pour hommes handicapés, toujours en train de vibrer – l'employé précise qu'il « semble avoir été utilisé récemment ».

*

Une fois le soleil levé, à tout moment, la ville peut s'enflammer. Une voiture dont le moteur surchauffe, garée au soleil estival ; un palmier qui n'en peut plus d'encaisser les rayons du désert et préfère couper court à sa vie végétale ; des toits de maison, des générateurs de piscine, des climatisations en bout de course. La ville brûle, et touristes comme locaux passent devant ces feux spontanés comme si de rien n'était. Le show de Vegas se doit de continuer, et ce ne sont pas quelques flammes qui feront oublier le fun. Derrière ces foyers qui créent chaque été de larges incendies parfois difficiles à maîtriser, il y a une réalité, écologique cette fois : Vegas ne devrait pas être. En tout cas, pas aussi follement, pas aussi intensément.

“ Une fois le soleil levé, à tout moment, la ville peut s'enflammer ”

« Je suis née avec ces feux spontanés », m'a expliqué Kathleen, une étudiante à l'UNLV et activiste écologiste. Je l'ai rencontrée dans l'une des librairies de l'est de Vegas, non loin de Sahara et Decatur, où elle organise chaque mois des rencontres entre les jeunes générations engagées de la région. « Je suis née avec ces feux, a-t-elle insisté, mais je n'arrive pas pour autant à m'y habituer. C'est comme une piqûre de rappel. Ça devrait nous faire sursauter, tout comme le niveau de l'eau du Lake Mead, qui baisse presque à vue d'œil. Mes parents se sont installés à Vegas dans les années 1990, et je suis née dans la foulée dans cette ville, mais je me dis qu'elle n'a pas de futur si elle continue comme ça. On pulvérise des millions d'hectolitres d'eau par an devant les casinos pour en rafraîchir l'atmosphère, on pousse les climatisations à 15 degrés Celsius alors qu'il fait trois fois cette température dehors… C'est comme un vortex, Las Vegas, c'est une ville qui symbolise toute l'urgence écologique et qui ne fait rien d'autre que se voiler la face. »

Kathleen est l'une des rares natives de Las Vegas à se préoccuper de telles questions. La mairie, historiquement démocrate depuis la mainmise de son légendaire représentant Oscar Goodman au milieu des années 1970, fait semblant de s'en soucier. Goodman, ancien avocat des familles mafieuses (italiennes et texanes) qui tenaient alors les casinos de la ville qu'il dirigeait, n'avait pas mené de politique particulièrement sociale ou écologique. Son héritage, soulignait Kathleen qui était née bien après, pèse encore sur la ville : « Les autorités municipales ne font pas le poids par rapport aux géants que sont MGM, Genting ou Steve Wynn. Ils font de la représentation, organisent de belles soirées caritatives, et c'est à peu près tout… Vegas est une ville qui a tellement résisté à tout, a failli mourir tant de fois, qu'ils se disent qu'on trouvera bien une solution. Mais à un moment, c'est la ville entière qui va prendre feu, et personne ne sera là pour vouloir la reconstruire… »

L'économie, pour le moment, se porte bien, merci. En vingt années à arpenter Vegas, j'ai vu la municipalité vaciller au gré des différentes crises américaines – les subprimes, le Covid – mais toujours renaître de ses cendres. Tout comme les feux spontanés finissent bien par s'éteindre, le miracle finit par arriver. Le cycle de Vegas ne semble connaître que l'illusion, la combustion puis la rédemption, énième métaphore christique d'une ville du péché qui vit nimbée dans la croyance. Mais à chaque fois qu'elle se relève, Vegas n'apprend rien. Logique, puisque tout revient à la normale… Chaque nouveauté constitue un nouveau record à dépasser – plus de chambres d'hôtel, plus de machines à sous, plus de *pool parties*, plus d'écrans vidéo, plus de pixels, plus de danseuses, plus de stades, etc. – mais aucune remise en question sur le long terme des pratiques de la ville. « Parfois, avoue Kathleen, j'en arrive même à me demander si ce n'est pas moi qui suis alarmiste et panique pour rien… Tout le monde autour de moi est tellement confiant dans l'avenir de cette ville, comme si elle allait survivre à toutes les crises et toutes les guerres. Comme si elle était immortelle. Je prêche dans le vide, et je me pose pas mal de questions existentielles, sur la lutte, sur l'écologie, sur la science qui semblent être défiées par Vegas. Et puis je regarde par la fenêtre du campus, et j'aperçois un nouveau palmier qui vient de prendre feu, comme ça, sans prévenir. »

*

Il faut parfois savoir quitter Las Vegas, comme le prône le film éponyme. Pour ceux qui n'y viennent que quelques jours, l'ailleurs n'est jamais bien loin : il suffit de sauter dans une voiture, de monter la climatisation, et d'aller dans n'importe quelle direction pour atteindre le désert. Les plus riches peuvent même se rendre à l'héliport pour embarquer dans l'un des nombreux *Helicopter Tour* proposés par des dizaines d'agences de voyages locales. Là, ils peuvent faire un survol rapide du Grand Canyon, avec en option l'atterrissage au beau milieu du désert, et une coupe de mousseux servie par des descendants amérindiens grimés comme leurs ancêtres pour l'occasion. D'autres, plus au fait des richesses de la région, optent pour une journée de pique-nique en bateau avec option ski nautique sur l'eau diaphane du Lake Mead, cette gigantesque réserve à ciel ouvert qui sert à abreuver la ville et ses climatisations depuis la construction du Hoover Dam. Construit au milieu des années 1930, le deuxième plus grand barrage d'Amérique a permis à Las Vegas de se développer à une échelle inimaginable. Depuis, chaque année, écologistes ou industriels du jeu se désolent, pour des raisons opposées, de la baisse drastique du niveau du Lake Mead. Depuis ma première venue en 2004, son niveau a perdu vingt mètres, créant sur ses rives des strates de couleur inquiétantes. La ville brûle, le désert s'assèche, mais tout continue comme si une solution miracle finirait bien par tomber.

J'ai appris dès mon premier voyage que quitter Las Vegas ne passe pas obligatoirement par une journée d'insolation au Lake Mead, même si j'apprécie ces pauses dans un décor extraterrestre rappelant un sol lunaire brûlant au soleil. Au fil des années, j'ai pris l'habitude de retrouver les gorges rougeoyantes du Red Rock, où la survie exige une grande bouteille d'eau par quart d'heure, en profitant de l'ombre du moindre rocher. Un peu plus au nord, il y a aussi le mont Charleston, la seule véritable montagne de Las Vegas. Il suffit de regarder attentivement le thermomètre extérieur de la voiture pour comprendre que le dénivelé augmente progressivement, sans que l'on s'en rende compte : on passe en une heure de 42 degrés aux alentours de zéro, même en plein été, dans ce décor de huttes de bois, de cabanes de chasseurs et de vieux *resorts* pour skieurs. À l'été 2008, j'ai même aperçu quelques centimètres de neige autour des cactus, étrange vision d'un monde et d'une région en pleine mutation. Le mont Charleston incarne la puissance et la richesse de la nature nord-américaine, sa faune et sa flore brutes et intactes, à quelques dizaines de kilomètres d'une mégalopole. S'y perdre une demi-journée permet de se réoxygéner après l'atmosphère confinée des casinos.

« On passe en une heure de 42 degrés aux alentours de zéro, même en plein été, dans ce décor de huttes de bois, de cabanes de chasseurs et de vieux *resorts* pour skieurs »

Mais c'est de l'autre côté de la ville que j'ai vécu l'une de mes plus belles excursions d'une journée loin des tables de jeu. C'était au sud-est, en dépassant Henderson et ses préfabriqués colorés qui me rappellent la ville dystopique du *Truman Show*. En filant sur l'autoroute I-95 sud, on rejoint en moins d'une heure la route 145, qui consiste en deux voies étroites s'enfonçant encore plus profondément dans le désert en direction de Phoenix. Cette année-là, en 2011 si ma mémoire est bonne, j'ai passé de longues heures plongé dans la « littérature du désert », un rayon confortablement garni de (feu) la grande librairie Borders de Las Vegas où étaient rangés les récits de pionniers et autres *desert rats* passionnés par la vie inframonde de ces environnements hostiles. Le désert du Mojave et les autres espaces naturels des environs regorgent d'anciennes villes minières, parfois reconverties en *ghost-towns* pour les très rares touristes qui s'y aventurent. J'ai donc sauté sur l'occasion pour rejoindre Nelson et ses anciens baraquements figés dans le temps qui rappellent l'Ouest sauvage, une vision qui a fait mon bonheur pendant une dizaine de minutes, puis j'ai eu envie de pousser plus loin sur la petite route 165. Bien m'en a pris : après Nelson, la route se fait chemin de terre rocailleux, et semble tout droit mener vers un cul-de-sac abandonné. Il n'y a, pour tout dire, pas d'échappatoire à cette route 165, si ce n'est un large cours d'eau sur lequel je suis tombé par hasard : la Colorado River, étincelante et d'une transparence à couper le souffle, servait ici de frontière naturelle entre l'Arizona et le Nevada. Sa puissance et sa fraîcheur attirent les familles locales en mal de baignades et de nature. Autour de moi, aucun touriste, juste deux vans de familles chicanos venues ici pour profiter de la vue et des rochers en surplomb, d'où sautaient les adolescents en enchaînant *bombes* et autres sauts périlleux ponctués d'éclats de rire. En chemise blanche et chaussures de ville que n'auraient pas reniées le plus coincé des estivants, je détonnais dans ce décor à la fois majestueux et sans enjeu. Mon surmoi m'interdisait de profiter pleinement du moment, comme si quelqu'un pouvait m'observer au bout de cette route, au bout de cette ville fantôme, au bout du monde. J'ai tout de même fini par ouvrir deux boutons de ma chemise amidonnée, laissant entrer le vent du désert et les rayons qui se reflétaient dans l'eau. Partout autour de moi, les cris joyeux des habitants du comté avaient remplacé le tintement des machines à sous et les éclats de rire forcés des gagnants d'un soir. La nature du Mojave, omniprésente en hors champ de l'espace urbain de Las Vegas, avait repris ses droits.

*

Si Las Vegas semble étrange par sa démesure ou sa désinvolture anticonformiste, elle n'est pas – et de loin – la cité la plus déstabilisante de ce désert. Son exact contraire, Boulder City, s'est érigée en rempart à l'immoralité de l'État du Nevada en général, et du comté de Clark en particulier. Juste à la sortie d'Henderson, avant de bifurquer vers la ville fantôme de Nelson, j'ai pris le temps de passer par Boulder après avoir découvert dans un vieux livre que c'est l'un des seuls lieux où le jeu et autres vices sont strictement interdits. Boulder se résume à une rue principale vaguement historique, et une absence totale de fantaisie : on y sent le poids de la religion et du protestantisme, sous toutes ses déclinaisons, variante mormone d'un État du Nevada trop permissif. Durant des décennies, la ville a même émis une monnaie spéciale, des « Boulder dollars », afin que ses citoyens et employés ne puissent aller les dépenser dans les bordels du désert ou les casinos de Las Vegas. Bien évidemment, d'astucieux agents de change ont ouvert pignon sur rue tout autour des limites légales de la ville, et se font un plaisir d'échanger, à prix d'or, « Boulder dollars » contre billets américains ouvrant les portes du paradis et des enfers du Nevada.

Le désert alentour regorge de lieux plus étranges les uns que les autres, comme si la violence climatique permettait tout. On touche là à certains vieux fantasmes de l'Amérique des pionniers et de la ruée vers l'or. Il faut rouler trois heures vers l'ouest de Las Vegas pour en voir une sorte d'achèvement et d'échec, en arrivant à Darwin, poste avancé du désert du Mojave dans l'État de Californie. J'ai entendu parler de cette utopie en tombant sur un documentaire, et ai fantasmé plusieurs mois, en 2012, un départ pour ce lieu qui semble une vision déformée ou peut-être simplement ultime du rêve américain. Darwin existe depuis plus d'un siècle et demi, d'abord comme ville minière accueillant des prospecteurs de la Death Valley rêvant de ruée vers l'or. Mais lorsque le filon s'est tari, tout comme les mines de la région, Darwin a été repris par la nature, ultime clin d'œil au théoricien de l'évolution. Depuis, une poignée d'habitants y ont refait une apparition, communauté utopique organisée autour d'une agence postale qui tient le coup. La loi, à Darwin, est simple : chacun peut venir y habiter, tant qu'il n'ennuie pas son voisin ; il ne faut jamais demander à quiconque son identité ou son histoire personnelle.

Las Vegas constitue souvent une dernière chance pour bien des réfugiés politiques, mais Darwin en est la version à la fois plus basique – aucune activité économique n'y est véritablement possible – et plus radicale. La rumeur veut que nombre de meurtriers y aient échoué, la police y est interdite depuis des décennies et les conflits de voisinage se résolvent par une balle dans le genou – puis dans la tête, si aucun accord n'est trouvé entre-temps. Parmi les habitants, on m'a dit qu'un Français s'y terre depuis plus de dix ans. Nous étions partis dans sa direction au petit jour avec un ami californien retrouvé à Las Vegas, afin de profiter d'une demi-journée d'exploration. C'était naïf. Après avoir traversé les routes abandonnées de la vallée de la Mort avec la climatisation au maximum, nous nous sommes retrouvés devant la pancarte de Darwin, quarante-huit habitants. En ouvrant la

« Les conflits de voisinage se résolvent par une balle dans le genou »

portière, un silence de mort. Notre présence a déchiré le calme de cette communauté recluse, et des aboiements sont montés en écho pour annoncer notre arrivée. Pétrifiés sous le soleil, la main sur la portière afin de rejoindre la voiture au plus vite, nous étions comme happés par la violence sourde de cette ville terminale.

Avec les années, j'ai exploré une douzaine de ces minicommunautés qui jalonnent les déserts entourant Las Vegas. Si Darwin ne nous a proposé comme accueil qu'hostilité et silence – nous avons dû faire demi-tour en urgence, à l'arrivée de deux habitants armés et talonnés par leurs chiens de garde –, d'autres m'ont laissé me reposer et reprendre des forces avant de pousser encore plus loin dans les arroyos du désert. Lorsqu'on habite longtemps à Las Vegas, ces pauses désertiques permettent de se réinitialiser et d'oublier la course à la dopamine qui règne dans la ville du jeu. Car on n'est à l'abri nulle part, quand on est en ville. Tout est fait pour vous faire vibrer, imaginer la victoire et un destin différent. Même les chambres d'hôtel sont sur le point d'être contaminées. On commence déjà à y installer des machines à sous, comme s'il ne devait rester aucun espace vierge de tentation.

*

« Le désert croît, malheur à qui fait croître le désert », prophétisait Nietzsche dans son texte sublime sur le voyage, *Aurore*. Sa phrase résonne à chaque fois que j'approche les limites de Las Vegas, où je ne peux que constater l'exact contraire. Ici tout est inversé : le désert recule, la ville s'étend. Est-ce pour autant une victoire de la civilisation contre le monde sauvage ? En deux décennies, j'ai appris à me méfier de mes intuitions. Le paradis du Nevada affole les boussoles internes, le *Downtown* est au nord de la ville, tandis que le *haut* du Strip est au sud. Moi qui ai toute ma vie eu du mal avec ma droite et ma gauche, je suis désarçonné par l'organisation urbaine d'une ville qui s'étend petit à petit par avenues carrées et quartiers perpendiculaires, en grignotant sans un mot l'étendue brute de la nature nord-américaine.

Certaines cartes parodiques circulent parmi les jeunes générations afin de donner un sens à cette ville étale qui n'a que ses bâtiments pour identité. La *Judgmental Las Vegas Map* a beaucoup été partagée sur les réseaux sociaux dans les années 2020 et, derrière la caricature, elle résume assez bien ces mondes amoncelés qui coexistent. Le Strip ? « Touristes à la con. » L'espace à l'ouest de l'aéroport ? « *White Trash.* » Encore plus loin, vers le Hoover Dam, ce « faux lac de merde pour hippies », « la cité de la dope » ou « vieux mafieux ritals » derrière l'université du Nevada, UNLV. Les riches, ces « *White Trash* avec des thunes » et autres « communautés de retraités de la banque » se trouvent au sud-est, tandis que les ghettos prennent la plus grande partie du nord de la ville : « Afro-Américains en colère » vers North Decatur Avenue, « Little Mexico et Princes du ghetto » sur East Owens Avenue, « suprémacistes blancs » juste en dessous, mais aussi, au nord-ouest, des « enfants de la génération X » (East St Louis Avenue), les « mormons » vers Canyon Gate et les « hipsters avec familles » sur West Spring Mountain.

Pour que le désert recule et que la ville avance, il faut un retour sur investissements : les quartiers les plus éloignés du Strip sont aussi les plus riches. Des oasis de *gated communities* fleurissent sur le sol sec du désert, organisées autour de lacs et de golfs artificiels luxuriants, proposant une vue imprenable sur la banlieue riche de Vegas, Summerlin, et un accès immédiat aux loisirs « sains » que sont le trekking et le vélo à 40 degrés à l'ombre. Le prix de ces villas absurdes de marbre rose à l'architecture alambiquée varie encore plus qu'ailleurs : les crises immobilières des subprimes en ont divisé le prix par cinq, voire dix, et les prix sont ensuite remontés, variant au gré de l'euphorie ou de la déprime environnante. J'ai passé quelques soirées dans l'une des plus belles constructions du quartier résidentiel le plus couru de l'époque, The Ridges. L'un de nos hôtes était un Italo-Américain qui avait fait fortune par centaines de millions de dollars dans la construction de villas pour mafieux et stars hollywoodiennes ; il s'était offert un palace d'étonnamment bon goût, tout en granit et marbre noir, avec des lignes épurées en béton que n'aurait pas renié un styliste comme l'architecte japonais Tadao Ando. Il fallait montrer une pièce d'identité à l'un des gardes armés surveillant le portail jour et nuit, avant d'être escorté jusqu'à la villa située à dix minutes de route. Cette ville dans la ville, oasis verte et accueillante dans l'oasis inversée de Vegas, était à la fois utopie – lorsqu'on y vivait – et dystopie – lorsqu'on connaissait la réalité sociale de Paradise, Nevada.

J'ai connu Mauro, le propriétaire des lieux, par un ami professionnel du poker qui vient parfois jouer chez lui pour le plaisir plus que pour l'argent. L'équilibre est subtil, mais beaucoup de riches retraités et hommes d'affaires sont d'accord, sans le dire, pour perdre de l'argent s'ils passent du bon temps. Les pros rivalisent donc de bons mots, d'anecdotes mythiques plus ou moins véridiques pour amuser leurs hôtes, tout en leur prenant *lentement* l'argent qui circule sur la table. Parfois même, il faut les laisser gagner, afin d'entretenir l'illusion d'égalité entre un néomilliardaire et un joueur qui, chaque jour, se remet au travail pour aller chercher des milliers de dollars dans les poches de son adversaire.

« Beaucoup de riches retraités et hommes d'affaires sont d'accord, sans le dire, pour perdre de l'argent s'ils passent du bon temps »

Dans cette quête ultime des *whales* (littéralement des « baleines », de riches joueurs prêts à tout cracher pour passer le temps et l'ennui), Mauro est sûrement ce qui se fait de plus agréable à Las Vegas : il est cultivé, amoureux de l'architecture et de l'histoire de la ville, et comble par le jeu l'absence de son épouse décédée peu de temps auparavant. Il n'a pas la vulgarité des *frat boys* héritiers de longues lignées d'industriels, comme un Dan Bilzerian hyperconnecté, qui passe son temps entouré de filles plus ou moins vénales, à s'envoyer compléments alimentaires et drogues de synthèse et à cultiver l'image viriliste et masculiniste qui dans certains réseaux fait du *like*.

La vie de Mauro était intimement liée à Las Vegas, et il aimait en partager les souvenirs. J'avais tendance à rester en retrait à observer ses échanges avec les autres invités, qu'il connaissait mieux que moi. Un soir je me suis lancé sur le seul terrain où je me démarque : l'architecture. Je connais bien le livre de Robert Venturi, *Learning from Las Vegas*, et je savais que notre hôte avait participé à la construction de la ville. Il était étonné qu'un jeune Français comprenne ainsi les stratégies urbanistiques de son époque, ainsi que les règles invisibles qui tiennent la ville. « Tu sais, la plupart des financiers dans les années 1980 étaient d'origine italienne. Pas toujours mafieux, mais jamais très loin. Il fallait leur faire plaisir, leur rappeler leurs origines, qui relevaient parfois du fantasme. Alors on a fait des faux lacs de montagne comme au Bellagio, des fausses piazzas et des fausses gondoles comme au Venetian, des fausses constructions baroques comme au Caesars, des fontaines, des sculptures de divinités romaines… À une époque, la ville est devenue un gigantesque concours entre les différentes familles du crime. » Ces bâtiments, encore debout pour la plupart, tranchent avec ce qui allait suivre. Lorsque je lui évoquais la laideur et la banalité du reste de la ville, Mauro opina du chef : « Oui, bien sûr, la majeure partie de la ville est constituée de hangars, dont seule la façade est décorée. Il faut se balader à l'arrière des casinos, c'est là où tu vois si c'est luxueux. Quand tu passes derrière le Wynn ou le Encore, c'est des arrière-cours, mais c'est encore soigné, en revanche avec toute la génération de casinos que j'ai construits, on mettait tout le budget sur la façade, et derrière, c'était la plus vide et la plus négligée des constructions. »

« La majeure partie de la ville est constituée de hangars, dont seule la façade est décorée. Il faut se balader à l'arrière des casinos, c'est là où tu vois si c'est luxueux »

*

Je ne peux qu'adhérer au conseil de Mauro. Mes marches matinales me mènent systématiquement *derrière* les casinos. Toutes ces années, j'ai eu l'impression d'évoluer dans Las Vegas comme dans une gigantesque carte imprimée en 3D sans en comprendre les différentes lectures. En prenant les contre-allées et les avenues qui longent l'arrière des bâtiments principaux, la ville semble perdre sa troisième dimension et s'aplatir : les casinos sonnent creux, leurs néons ne m'aveuglent plus et l'illusion du parc d'attractions disparaît. Le bruit des machines à sous est remplacé par les souffleries, les parfums de casino font place à ceux du caoutchouc brûlant le bitume, ou aux effluves des gigantesques cuisines qui servent 24 h/24, 7 j/7 les clients de l'industrie du jeu. Depuis ces artères où peu de piétons s'aventurent tant les distances semblent interminables, on comprend les coulisses de la ville. Chaque panneau publicitaire renvoie vers une industrie liée au jeu : les carrossiers, présents par milliers, qui réparent les voitures accidentées par les nuits blanches (Las Vegas, premier taux d'accidentés de la route de tout le pays) ; les avocats d'affaires qui proposent de régler à distance vos problèmes de taxes et de prêt immobilier ; les nouvelles religions et leurs centres de désintoxication de toutes les addictions, qui font leur promotion en espagnol, anglais, russe, chinois ou thaïlandais ; les casinos pour « locaux », situés en marge de la ville, qui proposent des « affaires incroyables » à tous ceux qui présenteraient leur carte de résident du Nevada. Ces arrière-cours abritent également tout un commerce de *strip-malls*, soit des parkings entourés de bâtiments d'un seul étage avec bureaux, épiceries, restaurants ou salles de sport à très bas prix. À la manière de la banlieue de Los Angeles, arpenter les avenues perpendiculaires de Las Vegas permet de plonger dans une ville sans artifices.

À chaque fois que je reviens, j'applique les préceptes de Mauro, notamment pour évaluer les nouveaux casinos qui sortent du sable. Le dernier en date, le Fontainebleau célébrait justement sa grande soirée d'inauguration juste après mon arrivée fin 2023. Depuis ma chambre de l'hôtel Encore, j'avais une vue imprenable sur le grand terrain abandonné qui m'en séparait. Ce casino était une fois encore annoncé comme le « futur de Las Vegas », malgré son histoire chaotique. Alors que le Strip n'arrivait toujours pas à attirer un public haut de gamme au nord du Wynn & Encore, laissant toute la zone entre le Fashion Mall et le Downtown dans un état de déshérence avancé, on pensait que le Fontainebleau repousserait les limites jusqu'au croisement entre Las Vegas Boulevard et Sahara Avenue (du nom du casino éponyme, maintes fois fermé puis relancé, en vain). Le Fontainebleau était en quelque sorte l'Arlésienne du Nord : depuis ma première venue en 2004, le casino Algiers, puis le El Rancho Hotel avaient été rasés afin de lui faire place. Mais les crises financières et la fragilité des investisseurs avaient sans cesse repoussé l'achèvement des travaux, laissant croire qu'une fois de plus, il finirait en casino témoin jamais finalisé, laissé aux vents du désert. Après la banqueroute des premiers promoteurs, un consortium d'investisseurs a réinjecté en 2021 plus de 3,7 milliards de dollars pour le coup de peinture final. Trois mille six cent quarante-quatre chambres, plus de seize mille mètres carrés au total : le Fontainebleau est devenu le deuxième projet le plus cher de Las Vegas, juste derrière le Resorts World de l'autre côté du boulevard.

À qui véritablement s'adressent ces nouveaux établissements ? Le Resorts World, ouvert avant le Covid, résonne déjà comme une coquille vide. Derrière son grand bâtiment rouge et bleu, ce ne sont que carton-pâte et armature bâclée. Où sont donc passés les 4,3 milliards d'investissements ? Il en va de même pour le Fontainebleau, dont je fais le tour chaque matin de ce mois de décembre 2023 avant l'ouverture officielle. Tout autour : le désert, en pleine ville, avec ses énormes terrains abandonnés et ses hauts grillages sous vidéosurveillance. Lorsqu'on passe derrière le pâté de maisons du Fontainebleau – un casino à l'apparence extérieure fort banale, qui a davantage misé sur l'intérieur –, on longe le beau golf du Las Vegas Country Club, mais les passants évoquent plus l'apocalypse zombie que la luxuriance d'un *resort* cinq étoiles. Quant aux boutiques qui séparent le Wynn du Fontainebleau, c'est une litanie de mauvais magasins de souvenirs, de CVS Pharmacy peu achalandés et de fast-foods qui sentent le graillon. Seul le Pepermill Lounge, l'un des grands classiques du Vegas flamboyant des années *Rat Pack*, propose quelque chose de particulier – gîte et couvert – aux fêtards dont je fus. Il y règne une atmosphère familiale et doucement décadente qui permet de prolonger la nuit, avec parfois de belles surprises.

En entrant la première fois au Fontainebleau, à quelques jours des fêtes de Noël 2023, j'ai été assailli par les volutes de parfum flottant sous d'immenses lustres en cristal. Rien de vraiment nouveau : le Resort World, l'Aria, le Bellagio et le Wynn proposent déjà ce même luxe américain ultime, pensé pour les classes dominantes, assorti de milliers de machines à sous pour les lendemains qui chantent. Les boutiques de luxe des marques internationales – Vuitton, Balenciaga, Maserati, etc. – rivalisent de clinquant, avec leurs jeans cousus platine aux diamants incrustés. Les restaurants (trente-six au total) n'étaient pas encore tous ouverts au public, l'inauguration ayant été avancée pour capter la manne financière des touristes de fin d'année. Depuis un certain temps, Las Vegas semble stagner architecturalement, et même son marketing fait du surplace. Des casinos de mafieux aux grands parcs à thèmes, l'évolution avait été tangible. Mais que faire après les monstres de luxe des années 2000, qui avaient posé Vegas comme une destination de spectacles pour gourmets fortunés ? Il allait sûrement falloir se réinventer. Six mois après son ouverture, le Fontainebleau a d'ailleurs été accusé de maquiller ses comptes pour repousser la faillite, et les groupes de casinotiers étrangers se sont pressés pour le racheter à moitié prix. « L'important pour un casino, m'avait expliqué Mauro lors de notre dernière soirée ensemble, c'est son identité. L'identité, et le service bien sûr. Si tu n'as pas d'identité, alors tu n'auras pas de clients réguliers. Il faut qu'on s'identifie au lieu, et ça passe par l'architecture, le concept, quelques détails… Tu auras beau amasser toutes les machines dernier cri dans une salle grand luxe, ou proposer des buffets à quelques dollars pour les locaux, ça ne fonctionnera qu'un temps. Les joueurs veulent se projeter. Las Vegas, ce n'est pas Macao, où les joueurs se fichent de tout sauf du jeu. Ici on s'identifie à un casino comme à un groupe de rock ou à une université. Il finit par faire partie de toi. »

*

J'ai l'habitude, quand je voyage, de rester hors champ. L'un de mes seuls talents, si c'en est vraiment un, est d'entrer à peu près n'importe où, et d'en ressortir vivant après m'être fondu dans le décor. Je ne suis pourtant pas particulièrement invisible – deux mètres de haut, et une silhouette pas forcément longiligne –, mais je dois inconsciemment absorber les regards, les jugements des autres, et m'en accommoder, jusqu'à faire partie pendant quelques heures de la communauté des lieux. Cela fait de moi un joueur de poker correct, capable de gagner avec des adversaires expérimentés tant que les enjeux restent raisonnables. À condition, bien sûr, de maintenir un niveau de concentration suffisant pour ne pas ruiner mes chances sur un coup hasardeux, ou comme me l'avait confié, avec un sourire en coin, un ami professionnel : « complètement foireux ».

❝ L'un de mes seuls talents, si c'en est vraiment un, est d'entrer à peu près n'importe où, et d'en ressortir vivant après m'être fondu dans le décor ❞

Au gré de mes dérives annuelles dans Las Vegas, j'ai ainsi découvert des poches de contre-culture, rencontrant des personnages singuliers qui tranchent avec l'uniformité d'une ville tout entière tournée vers le jeu et la flambe. De l'autre côté de la ville, à l'est du Strip, le quartier de l'UNLV est connu pour sa pauvreté et son Vegas alternatif. Le jour, j'allais ainsi à chaque fois faire un tour chez AvantPop Bookstore (East Sahara Avenue), tenu par un authentique enfant du désert. Celui qui aurait pu passer pour un vieil intellectuel new-yorkais était en fait né dans une réserve indienne à l'extrême nord du comté de Clark, et a ouvert sa grande librairie d'occasion et de neuf trois décennies auparavant. Il vend surtout par correspondance, avoue-t-il, car Vegas n'est pas une ville de lecture. La scène underground est pourtant réelle, et se révèle surtout la nuit.

Au Double Down Saloon, j'ai croisé Lydia, une strip-teaseuse qui monnayait son physique gothique de *suicide girl* sous le sobriquet de Bunny. Pendant un moment de pause, le nez rivé sur l'écran de vidéo-poker, elle m'a proposé dans un grand rire guttural de la rejoindre au creux de la nuit pour profiter de ses talents de danseuse. Je préférais faire la tournée des *dive-bars* locaux, en passant de l'un à l'autre conseillé par les clients du précédent : Dino's et son karaoké sur scène, fréquenté surtout par des locaux, mais aussi un *tiki-bar* émanation d'un bouge d'Alphabet City à New York, le Frankies Tiki Room, ou le Red Dwarf et le Sand Dollar Lounge. On vient y retrouver ses amis d'enfance, descendre quelques verres doublement pleins, et surtout ne pas payer les prix affolants qui ont envahi les établissements du Strip depuis quelques années.

La communauté LGBT, qui fréquente beaucoup la librairie AvantPop et le Writer's Block du Downtown, se retrouve au Badlands, sur East Sahara, à l'arrière du bloc. J'y ai atterri un soir d'ivresse avec un ami qui hésitait entre découvrir les joies annoncées du Green Door, l'un des clubs échangistes du quartier, ou les défilés de drag-queens en costumes de cow-boys texans du Badlands. N'ayant rien d'autre à échanger que notre bonne volonté et notre sourire affable, nous nous sommes rabattus sur le Badlands. C'était l'époque de la grande compétition de rodéo annuelle, juste à côté dans les parkings de l'université, le Texas était le thème de la soirée.

Juché sur un tabouret du bar avec mon double mètre fatigué, j'étais l'attraction de la communauté transsexuelle de la ville, bien que totalement étranger. Comme souvent, faire incursion dans le quotidien bien rodé d'une collectivité suscite l'amusement tant qu'on ne dérange pas. J'ai toujours opéré ainsi, des casinos clandestins de Chinatown à New York jusqu'aux bars-jazz centenaires d'Hokkaïdo, en passant par les cabarets dispendieux d'Osaka, les restaurants réservés aux GI d'Okinawa ou les *social clubs* turcs ou kurdes d'Anatolie. Il suffit d'être là sans s'imposer, et de laisser venir à soi ceux qui vous tolèrent. J'ai ainsi passé la nuit à observer la valse bien réglée des reines du Voguing en Stetson, l'habile jeu de séduction entre serveurs et participants, les baisers volés contre les murs, l'attente pour les toilettes, et les nez qui reniflent bruyamment en sortant, les couples qui se font et se défont une demi-heure plus tard dans le parking voisin, tandis que des accents de toutes origines se mêlaient dans une mosaïque de voix en quête d'un refuge ici, dans le désert du Mojave. J'ai tout absorbé, discussions et passions, avant de disparaître à l'aube recharger mes batteries dans le cocon de ma chambre du Wynn & Encore.

*

Si certains quartiers changent peu, le grand Chinatown, lui, semble inamovible. Situé à l'ouest du Strip, entre West Desert Inn Road et West Twain Avenue, dans une enfilade de *strip-malls* de laquelle ressort parfois un ornement de carton-pâte rappelant l'Asie, il manque singulièrement d'identité avec sa litanie de restaurants, d'épiceries, de salons de massage et autres bars plus ou moins troubles. Comme toujours à Vegas, différence et répétition dictent l'horizon urbain.

De nombreux scandales sanitaires ont entraîné la fermeture de cantines asiatiques, mais c'était il y a plusieurs décennies, et le Chinatown d'aujourd'hui s'est embourgeoisé sans pour autant céder aux sirènes des hipsters. Les prix pratiqués y sont encore raisonnables, même s'il faut renoncer à l'idée de s'y restaurer pour moins de 30 dollars par personne. C'est une bonne solution pour changer du luxe des casinos et de l'odeur de graillon de leurs *food-courts*. Au beau milieu de ce quartier tout entier tourné vers l'Asie subsistent encore quelques curiosités plus anciennes, comme l'une des épiceries/restaurants italiens les plus authentiques de Las Vegas, Roma Deli sur Spring Mountain Road, où les vieux Italiens du quartier se retrouvent dès 11 heures du matin. J'y ai souvent atterri à la même heure, en fin de nuit ou début de journée, ce qui revient presque au même dans cette ville. On y croise aussi bien des familles italiennes arrivées juste après la guerre que des Italiens de passage venus trouver une paix rassurante dans la chaleur du désert. Non loin de là, l'attraction du bloc se résume à la salle de gym du champion de boxe Floyd Mayweather, qui s'y entraîne quotidiennement sans que les habitants du coin n'y trouvent un quelconque intérêt particulier. Vegas a ses idoles qui diffèrent parfois de celles des réseaux sociaux et des télévisions du monde entier ; Mayweather ne fait la une des journaux que lorsqu'il va miser 1 million de dollars dans une des énormes salles de paris sportifs des casinos, à l'occasion d'une grande compétition de baseball, de basket ou de football américain.

L'ouest de la ville n'a guère de charme, enchaînant les parkings et les constructions banales. J'ai pris l'habitude dès mon premier séjour de tout faire à pied pour y dénicher les anomalies. J'aime bien me faufiler dans les failles. Par exemple ces longs tunnels d'évacuation des eaux, construits afin d'éviter les inondations du désert en cas d'averse soudaine. Matthew O'Brien, un ami écrivain né à Las Vegas, m'a expliqué un jour que de nombreux sans-abri vivent, littéralement *sous les néons* (le titre de son livre), dans un labyrinthe à fuir en une poignée de minutes en cas d'orage. Au gré de mes dérives de

Hugh Hefner Drive jusqu'aux carrés d'herbe de Springs Reserve, je me suis parfois arrêté pour admirer l'un des nombreux carrossiers de la région ou découvrir, au gré d'un énième *strip-mall*, un disquaire ou un libraire indépendant, coincé dans un quartier sans âme. On se déplace ici uniquement en voiture, et seuls les plus désargentés osent se traîner à pied sous le soleil étouffant de la ville. J'étais ainsi le seul à déambuler en chemise blanche immaculée, hâtant le pas à chaque silhouette chancelante que je croisais. J'ai su éviter en vingt ans toute agression violente, mais je suis passé à de nombreuses reprises à quelques secondes des ennuis.

« On se déplace ici uniquement en voiture, et seuls les plus désargentés osent se traîner à pied sous le soleil étouffant de la ville »

En une fin de journée de juillet, alors que je marchais depuis deux heures en attendant le dîner prévu avec des amis à Arts District, j'ai découvert par hasard une maison isolée sur le grand axe de South Decatur. Un néon éteint annonçait « Wax Trax Records », même si rien d'autre ne semblait respirer le magasin de disques. J'ai une passion pour les vinyles (surtout de jazz) depuis mon adolescence, et j'adore passer des heures à fouiller. Wax Trax était le troisième disquaire que je découvrais dans la ville (après l'excellent Moondog Records, situé sur la même avenue), je décidai donc d'y tenter ma chance.

À l'intérieur, un caniche hystérique m'a accueilli en mordillant mes mollets, tandis que le propriétaire des lieux, casque de vieux Walkman eighties, gardait les yeux rivés sur un ordinateur d'un autre âge. Le caniche a continué. Je n'ai pas bougé. Le propriétaire hochait la tête. Au bout de trois minutes interminables, aussi fatigantes pour le roquet que pour mes oreilles, il m'a aperçu et a bondi du siège, silhouette déliée et souple d'un septuagénaire à l'accent de la côte Est : « Rich Rosen ! Vous venez acheter des disques ? » Avant d'acheter, j'aurais aimé regarder, si cela était possible, objectais-je avec le large sourire du marcheur bien heureux d'offrir son corps desséché à la climatisation hurlante de l'endroit. « Faites le tour, et quand un truc vous plaît, vous me faites signe, je vous dirai le prix. Il y en a partout, donc prenez votre temps ! » Rich Rosen était en fait une figure de la musique de Los Angeles, ancien animateur de radio à la retraite, qui avait ouvert un magasin de disques à Vegas à la fin des années 1990, au sein même de sa maison. Wax Trax Records consiste en un pavillon cossu où chaque pièce, toilettes et salle de bains incluses, regorge de vinyles et produits dérivés majoritairement tournés vers l'*Americana* : vieux jukebox Elvis Presley, éditions limitées de disques de country, foultitude de photographies dédicacées. Et plus de cinq cent mille disques, la collection personnelle de Rosen. L'homme a remis son casque qui hurlait une mauvaise disco eighties et m'a laissé à mon *digging*, sous le regard désapprobateur du caniche.

Il n'y a, bien évidemment, que des trésors à Wax Trax, et tout cela a un prix, que l'on ne découvre qu'en arrivant à la caisse. Rich Rosen est le maître des lieux, et ne perd jamais l'occasion de surfacturer. Chaque disque, affirmait-il, possède une histoire unique dans cette ville sans Histoire. Chacun a été touché, signé, caressé, écouté par une star imaginaire. Rich Rosen incarne le storytelling de cette ville qui a besoin de rajouter des mythologies à tous les étages, afin d'essorer au mieux le touriste de passage. J'étais le client idéal, écrasé par une politesse surjouée qui m'interdisait de partir sans acheter. Des trois disques dont j'avais demandé le prix, j'arrivais à me débarrasser d'un en prétextant l'avoir finalement déjà, mais j'ai tout de même dû me délester de 400 dollars, « seulement en cash », pour les deux autres. J'avais beaucoup de chance, m'avait assuré Rich avec le large sourire carnassier du *hustler* à qui l'on avait présenté un pigeon de première catégorie sur un plateau : « Vous avez *vraiment* de la chance… Elton John voulait le prendre la dernière fois qu'il était passé au magasin, mais il l'a oublié. »

*

Les passages fréquents d'amis extérieurs au monde du jeu et voulant découvrir Las Vegas sont l'occasion de redécouvrir les plaisirs simples de la ville. Pour quelques jours, je redeviens bon public et m'offre au faste du Strip. Si Vegas est une ville spectacle, alors pourquoi s'obstiner à toujours passer *backstage* ? Le plaisir du béotien repose. L'émerveillement commence dès l'arrivée en avion, avec les néons qui rougeoient, clignotent, comme un parc d'attractions géant. On enchaîne avec les machines à sous rutilantes de l'aéroport, les longues limousines noires déversant les fêtards venus de toute l'Amérique, et on passe ensuite à l'ambiance survoltée et bon enfant des gagnants à la table de roulette. La qualité des restaurants est souvent une source d'étonnement – pour peu qu'on y mette le prix – avec ces comptoirs à sushis exquis rivalisant avec les *steakhouses* parfaits des casinos les plus dispendieux du Strip. Cette fois mes amis voulaient, à raison, marcher sur les pas des figures mythologiques de la ville, prendre le temps au Golden Steer, ce restaurant où Sinatra a atterri tant de fois malgré son apparence si modeste, ou épuiser les vieux casinos du Downtown qui semblent encore abriter les vestiges d'un Vegas magnifié et fantasmé. Après quelques jours sur place, ils étaient heureux de sauter dans une Mustang décapotable de location – idée absurde, leur objectais-je d'un ton docte, au vu du soleil qui empêche d'en ouvrir le toit sous peine d'insolation minute –, et de rouler en direction du désert (Red Rock, vallée de la Mort, au choix) pour disparaître quelques heures dans ces paysages grandioses et uniques à moins d'une demi-heure de la ville.

« La qualité des restaurants est souvent une source d'étonnement – pour peu qu'on y mette le prix – »

Les mêmes, bien sûr, voulaient passer par ce que je fuyais d'habitude, toutes ces activités pour adultes qui avaient fait le renom de Vegas comme une ville d'*expérience*. Ils voulaient aller tirer au bazooka ou à la mitraillette dans le désert sur de vieilles épaves de voitures ; ils ne partiraient pas sans avoir fait la fête une journée entière dans l'une des *pool parties* proposées par une quinzaine de casinos chaque week-end ; ils passaient des heures à choisir leur show du Cirque du Soleil, comme on se payerait une pièce de boulevard suivie d'un plat en brasserie à Paris ; ils étaient prêts à faire la queue une heure devant une boîte, sans s'indigner de la violence sociale de tous ceux qui passaient devant eux ; ils perdaient une heure dans un supermarché à se moquer des montagnes de *junk food* inventées pour stimuler l'obésité. J'étais leur cousin grincheux qui se déridait vite à les voir si joyeux. Un cousin qui possédait les clés de la ville, et qui pouvait en faire tourner les serrures les mieux huilées. Ces spectacles, ces restaurants étoilés, ces boîtes de nuit cacophoniques appartiennent à un monde qui m'est étranger, mais dont je peux faire partie si je suis en bonne compagnie. J'aime bien déplier la ville, la sentir et la comprendre, et ces évidences font partie de l'histoire.

Le sourire et le plaisir de ceux que j'accueille me rappellent à chaque fois mon inclination originelle pour les marges. J'arrête alors de bouder mon plaisir et me mets à contacter des *hosts* qui œuvrent pour mes amis *high-rollers* – des sortes de flambeurs – afin de décrocher « des bonnes places pour un spectacle », « des tickets pour un match de boxe », « une table ce soir pour deux, bien placée, chez Scarpetta », « une *cabana* pour la *pool party* du Hard Rock », « une place dans un hélicoptère pour survoler la Death Valley », « un bateau à louer sur le Lake Mead ». C'est là le tourisme d'activité, où il faut cocher les cases de *ce qu'il faut voir et faire*, une liste qu'on retrouve dans les rares guides qui parlent de Vegas, sur Instagram, dans les vlogs de voyage, chez les influenceurs sponsorisés. Je suis à la fois le plus roué des guides amicaux et le plus déviant, ne perdant jamais l'occasion, lorsque la nuit avance et que les barrières de la normalité s'évaporent, de monter sur la scène du Drai's pour chanter avec l'orchestre devant une foule consternée, d'infiltrer le bal latino de la grande salle du casino Gold Coast, de parler à toutes les locales célibattantes des *Ladies Night* des vieux dancings du Downtown, d'inviter ma chauffeuse de taxi à dîner chez Naked Fish pour lui offrir les premiers sushis de sa vie, de repousser les offres des néoprostituées officiant en Uber, de m'installer à des tables trop chères pour faire tapis et repartir en courant après avoir doublé ma mise, de faire de longs *hugs* à Steve, champion de Nascar mais néanmoins alcoolique, dans un *dive-bar* de l'ouest de la ville, de promettre des matins glorieux aux serveuses du Peppermill, de multiplier les pourboires idiots au Dino's Lounge pour écouter la musique dont j'ai envie, et d'entamer un karaoké sur un morceau de Sun Ra.

Ces semaines en compagnie amicale me permettent de couper avec le cycle du jeu et de regarder la ville avec un regard moins désabusé. Mes amis ne reviendront sûrement jamais à Las Vegas, mais ils en repartent au bout d'une semaine repus et éreintés, avec des souvenirs pour une vie, parenthèse enchantée, tornade de sensations au beau milieu d'une vie parisienne ou californienne bien plus rangée et cohérente que l'absurdité de cette région. Je les redépose exsangues et satisfaits à l'aéroport où ils peuvent mettre leurs derniers dollars dans l'une des machines à sous de la salle d'embarquement, avant de s'endormir pour douze heures d'affilée.

*

Une fois cette parenthèse refermée, je retourne aux tables de jeu et à mon exploration de la vie locale, qui se déroule toujours hors du Strip. À force d'en chercher à pied les différents visages, je finis parfois par tomber sur de nouvelles communautés, de nouvelles normes. C'était ainsi qu'un dimanche matin à l'aube, utilisant l'avantage de mon décalage horaire pour raser les tables de poker, sobre, à 4 heures du matin, j'ai enchaîné directement, 4 500 dollars de gains en poche, vers le nord de la ville où sont situés les casinos les plus miteux que je n'avais jamais visités à cette époque, en 2010. Le Poker Palace, encore debout quinze années plus tard, n'est ni un palace ni un lieu de poker ; tout au contraire, il empeste la fumée froide et consiste en un *diner* à quelques dollars servant un large petit déjeuner américain constitué de glucides et de graisse. Le public, lui, tranche avec les joueurs avec qui j'ai passé la nuit précédente, au sein des salles de poker les plus courues de l'époque. Strip-teaseurs, *hosts* de boîtes de nuit, jeunes startupers et groupes d'amies de tout juste 21 ans laissent place à une cohorte de retraités et habitants des campings environnants. Les talons hauts disparaissent : place aux scooters électriques pour jeunes obèses ou vieux handicapés, qui sillonnent, débonnaires, les travées du bingo déjà bondées en ce début de matinée.

Je retrouve au Poker Palace, comme dans les casinos environnants du North Las Vegas Boulevard (toujours, techniquement, le Strip, mais à des kilomètres de distance du cœur du Strip actif, bien plus au sud), une ambiance familiale surannée qui manque à beaucoup des gros casinos. Non seulement les locaux y profitent de prix raisonnables, mais ils font également « communauté », ce qui est au cœur de l'imaginaire social américain. Le fun commun commence par un sympathique bingo à quelques dollars, continue avec un repas à la cafétéria avoisinante, et s'achève par un show gratuit par un orchestre fatigué mais professionnel, dont le chanteur et ses danseuses sont des stars dans leur quartier. Non loin de là, une litanie d'établissements vieillots accueillent d'autres communautés locales, comme au Silver Nugget, au Dotty's, au Big Horn, au Villita ou au Ojos Locos. Les habitants de Las Vegas n'ont pas besoin d'aller chercher plus loin. Cela fait déjà quelques années que les gros établissements du Strip sud leur ont barré l'entrée discrètement en annulant les tarifs pour locaux. Au vu des payes des ouvriers et petits retraités qui fréquentent le Poker Palace, il leur est impensable de s'acquitter de 35 dollars (plus *tips* et taxes) pour un simple burger au Wynn, alors qu'au pied de leur domicile, ils peuvent tout aussi mal se restaurer pour littéralement dix fois moins cher…

Ma première venue dans cette partie de l'extrême nord du Strip n'a pas été uniquement pour me mêler aux joueuses de bingo : une des femmes de chambre du vingt-troisième étage du Palms Place où je logeais m'a confié qu'elle et sa famille n'allaient jamais plus au sud que le Downtown, et que leur principal moment de socialisation se jouait au grand marché latino de Broadacres, les vendredi, samedi et dimanche matin, avant de se rendre à l'église. J'avais donc troqué mon habituelle chemise blanche pour enfiler un T-shirt noir plus neutre afin de ne pas dépareiller dans la foule que je présumais populaire. Bien m'en a pris : en traversant la grande avenue à huit voies (toujours le Strip) qui sépare le Poker Palace du début du marché, je n'aperçois que des silhouettes massives de pères de famille salvadoriens ou mexicains, accompagnés de femmes, enfants, neveux, cousins et autres grands-parents. Je m'acquitte rapidement de l'entrée fixée à 2 dollars pour pénétrer dans ce gigantesque marché à ciel ouvert planté dans le désert.

Broadacres consiste en un gros millier de stands vendant tout ce qui peut être utile et inutile à une famille de la classe populaire de Las Vegas. Chaque « boutique » se résume à une tente hâtivement montée sur quatre piliers, avec une bâche protégeant des rayons du soleil déjà fort au petit matin. Vêtements, santiags, outils de chantier, épiceries diverses, déstockages alimentaires, bondieuseries en tous genres et fast-foods latinos rivalisent d'inventivité graphique afin d'attirer le chaland. J'ai eu beau enfiler une tenue neutre, je semblais tout de même incongru dans ce monde en petit qui résumait toute l'importance de la communauté latino de la ville : j'étais trop grand, trop efflanqué, trop étranger tout simplement pour qu'on ne voie en moi autre chose qu'un touriste égaré. Les prix, ici, sont à mille lieues des énormes supermarchés qui jouxtent le Strip, où j'ai l'habitude de faire quelques courses. Des *ghettoblasters* crachent des tubes *reggaeton* ou des ballades romantiques, on s'échange aussi bien des croix en plastique géantes que des T-shirts flanqués de portraits de Pablo Escobar. Les *narcocoriddos*, ces ballades mexicaines en l'honneur des narcotrafiquants, se vendaient à ciel ouvert au format CD ou cassettes piratées.

“ Chaque « boutique » se résume à une tente hâtivement montée sur quatre piliers, avec une bâche protégeant des rayons du soleil ”

Au centre du marché, entourée de stands de nourriture à emporter, avait été installée une large scène surélevée, où se préparait un orchestre – au bas mot une trentaine de musiciens en habit d'apparat. Je m'étais posé à l'une des tables centrales, un jus d'agave fraîchement pressé à la main. Mon voisin de table, un homme d'à peu près mon âge visiblement déjà (ou encore) éméché, m'a souri et a commencé à s'adresser à moi en espagnol. Devant ma mine d'incompréhension, il est vite repassé en anglais, me demandant si je venais souvent ici. C'est la première fois, ai-je rétorqué, mais je m'y sens bien. Les musiciens finissaient leur balance tandis que nous discutions de sa vie à Vegas : arrivé en bus du Salvador il y a près de quinze ans, sa famille sous le bras, il s'était depuis installé dans un pavillon bon marché d'East Owens Avenue. Ils vivaient à neuf sous le même toit, trois générations, et l'homme profitait de Broadacres pour s'envoyer quelques Desperados glacées tandis que sa femme faisait les courses avec les derniers de sa lignée. Vegas, affirma-t-il, avait été le meilleur choix de sa vie : il y a toujours du boulot, puisque les chantiers de construction de casinos et d'hôtels ne s'arrêtent presque jamais, et lorsque la crise financière guette, il devient installateur de grilles et protections pour les maisons abandonnées sur le point d'être saisies. « Cette ville, si tu ne déconnes pas, c'est la meilleure… » Il avait marqué une longue pause, soupesant ce qu'il venait de me dire. « Bon… le problème, c'est qu'à un moment ou un autre, tu te fais rattraper… » Dans sa bouche, « déconner » se résumait, m'avait-il alors expliqué en s'ouvrant une autre bière, à trop faire la fête et finir dans les bouges du Little Mexico avoisinants. « Les filles qui dansent à Chicas Bonitas, ça coûte cher... Parfois, la paye y passe en une soirée, et le lendemain je m'en veux... » Le concert a démarré tout à coup, interrompant sa confession du dimanche à l'étrange paroissien que j'incarnais. « Moi, c'est Edwin, a-t-il hurlé en tendant la main dans ma direction, que Dieu te bénisse mon frère. »

J'ai passé une demi-heure à dodeliner de la tête en compagnie de mon nouvel ami, qui n'arrêtait pas d'enquiller bière glacée sur shot de tequila. Les familles du quartier, elles, s'amoncelaient sous le chapiteau, dans une farandole joyeuse et communautaire où tout un chacun se connaissait et se saluait. J'ai réussi à m'éclipser à la mi-temps du concert, me perdant dans le dédale de vendeurs de Broadacres, jusqu'à déboucher sur une sortie donnant à l'arrière du marché. Là s'étalait un important regroupement de caravanes sédentarisées, les fameux mobile homes chers à l'Amérique démunie. Par-delà le campement, on pouvait apercevoir les grandes pistes de décollage de la base aéronavale de Nellis d'où vrombissaient les chasseurs qui effectuaient chaque jour une cinquantaine de sorties au-dessus du désert. À chaque fois que je dépliais un monde dans cette ville, un autre semblait s'ouvrir devant moi, construisant par petites touches une ville bien plus humaine et diversifiée que les voyageurs d'un week-end auraient pu imaginer. J'étais venu à Las Vegas pour le frisson du jeu – gain ou perte, peu importe ; j'y revenais pour les poches humaines qui se superposent et vivent ensemble à l'ombre de l'industrie du jeu, comme un archipel de lumières intenses qui éclairent la ville et lui donnent une dimension bien plus complexe qu'on ne l'imagine.

*

Explorer la ville et ses communautés, c'est aussi plonger dans ses croyances. En terre de péché, Dieu et ses associés sont partout, et notamment dans une foultitude de panneaux publicitaires vantant les mérites d'églises locales et autres associations caritatives pour les plus démunis. Il n'y a pas qu'Edwin, 40 ans et une douzaine de bières et tequilas au compteur, qui m'a béni à la volée dans cette ville chrétienne sans morale. Chaque nuit, à la table de jeu, fusent des « *God Bless Ya, Sir* », de la part des croupiers ; chaque jour, des bonimenteurs prêchent l'apocalypse ou l'absolution aux croisements des avenues.

« En terre de péché, Dieu et ses associés sont partout, et notamment dans une foultitude de panneaux publicitaires »

En explorant la ville, il suffit de guetter, du coin de l'œil, les croix d'albâtre des églises de quartier ou des confessionnaux en placoplâtre pour comprendre que la foi se marie bien avec le stupre. Dans l'ombre de chaque grand casino se dresse, discrète mais omniprésente, une église. Comme la Guardian Angel Cathedral, petit triangle moderne caché de l'autre côté d'East Desert Inn Road, à deux pas du Wynn ; comme la Holy Redeemer en face du Luxor ; comme la Little Church face au panneau « *Welcome to Fabulous Las Vegas* » ; comme l'église coréenne à équidistance du Orleans et du Palms ; comme Our Lady Of Las Vegas ou la Church of Jesus Christ of the Latter-Saints sur Charleston Boulevard.

Les croyances sont partout, elles infusent l'air vicié des casinos, et attirent les âmes les plus corrompues. Elles changent de visage comme de divinités, au gré des quartiers et des communautés, elles mélangent rites anciens et nouveaux, et s'adaptent à l'heure de la nuit et du jour. Car il n'y a pas que la litanie de chapelles désertées du milieu du Strip pour accueillir les pieux perdants ou vainqueurs païens. Non, ces chapelles de mariage qui affichent des Elvis Presley de cocagne sont finalement les moins religieuses des établissements – leurs façades d'une gaîté d'un autre temps, d'un autre siècle, s'ébrèchent à l'ombre de la Stratosphère, les touristes passant sans même y jeter un coup d'œil, en route pour aller visiter leur nouvelle religion, celle des *Pawn Shops*, ces prêteurs sur gages devenus vedettes planétaires depuis la série TV *Pawn Stars*.

À l'extrême est de la ville se trouve l'une des plus grandes églises de scientologie des États-Unis. C'est à la lisière du désert et de son *Frenchman trail* (route 147) qu'on peut admirer son architecture multimillionnaire trônant sur la ville depuis son adresse de Temple View. De là-haut, Las Vegas semble respirer au loin, mirage de néons flottant dans les ondes de chaleur. On doute même un instant de l'étrangeté du moment et des lieux. Où réside l'illusion : dans cette église de secte scientologue, vaisseau spatial déployé vers les cieux, ou plutôt dans cette ville tournée vers le désert, mante religieuse qui accueille et assoiffe les survivants du jeu ?

On visite Las Vegas comme on se rend à l'église, l'esprit chargé de péchés, afin de s'alléger pour laisser place à de nouvelles fautes. Vegas est une ville *nouvelle*, elle se doit de proposer une *nouvelle* religion, sans Histoire ni profondeur ; elle est un aimant à qui l'on ne peut dire non, une amante anonyme dont les bras nous étreignent alors qu'on s'abandonne. Elle recueille nos failles et nos confessions, nous écoute religieusement dans le vacarme de ses machines à sous, elle prélève sa dîme sur nos malheurs et nos espoirs. Elle nous caresse la tête et nous bénit, nous laisse entrevoir des lendemains qui chantonnent, mais se replace toujours, irrémédiablement, sur notre chemin. Elle est mirage architectural autant que projection mentale, elle habite notre inconscient et se dresse, accueillante et vénéneuse, face à nous.

Touché par la spiritualité de la musique ou de rares épiphanies de lecteur, j'ai visité la majeure partie des lieux de culte de Las Vegas, havres de piété pour les joueurs qui trouvent dans la croyance un sens à leur trajectoire chaotique. On y croise des vies brisées ou des regards transportés, des gens pleins d'espoir, et d'autres simplement seuls. J'ai assisté au début d'une messe scientologue, avec tous les fidèles en longues robes blanches ; j'ai passé la tête dans une messe latino du nord de la ville, au beau milieu des familles endimanchées ; j'ai mis le pied dans la porte des temples protestants qui bordent la base aéronavale de Nellis ; j'ai passé une heure entière dans un taxi pour rejoindre la Moapa Christian Church et assister au sermon apocalyptique du pasteur de cette réserve indienne de la Valley of Fire. J'ai cru, car il *fallait* croire pour entrer dans ces lieux, puis je me suis débarrassé de cette foi poisseuse dès la porte claquée derrière moi. J'ai fantasmé la plus aboutie de ces églises, celle créée par Larry, le pionnier du strip-tease intégral à Las Vegas, au sein du défunt club Larry's Villa : une église où Larry-le-proxénète officie chaque jour dans sa bure de diamants, afin d'expier les péchés de ses danseuses. Une boucle dans la boucle, l'argent qui tourne sans jamais se perdre, une dîme sur la dîme, un péché rajouté à un autre. Cette leçon de capitalisme religieux n'a duré que quelques années. Lorsque je me suis fait déposer un dimanche matin de 2012 au 2401 West Bonanza, entre deux échangeurs autoroutiers, le terrain de l'église avait été repris par une association de réinsertion en aide aux prisonniers. Seul le *strip-club*, depuis détruit, était encore actif, les lourdes basses de *reggaeton* faisant trembler les rares camions garés sur son parking attenant. J'ai préféré éviter le spectacle matinal des corps offerts au regard torve des camionneurs de l'autoroute I-15, et suis rentré à pied jusqu'à mon hôtel, un long calvaire caniculaire, en jurant qu'on ne m'y reprendrait plus.

*

Et puis, il y a ces moments où tout semble s'aligner. Une soirée heureuse au jeu (au poker, à la roulette, au vidéo-poker qui m'accueille parfois le temps d'un verre de début de soirée), un repas sublime, un inconnu dont l'histoire résonne comme si elle devait croiser la mienne. La ville prend tout son sens. Elle devient ce qu'on attend d'elle, plus forte, plus intense, plus éreintante – et plus sublime aussi – que bien des mégalopoles que j'ai visitées. À force d'y vivre quasiment un trimestre par année, j'ai appris à tout aimer, sa surface et ses entrailles, et à sympathiser – pour une nuit, donc pour la vie – avec tous ceux qui lui donnent quelque chose, touristes ou locaux. Je m'y sens *chez moi*. Ce sont cette familiarité, cette immédiateté, cette évidence qui me touchent ; ce sont sa complexité, ses bizarreries qui m'aspirent.

Las Vegas est une ville sans autre limite que la loi, lorsque celle-ci veut bien rappeler son existence. Dans les casinos résonnent en permanence les grésillements des caméras de vidéosurveillance et les oreillettes des agents de sécurité en civil. Il m'est arrivé d'assister à des débordements entre joueurs alcoolisés, rapidement contenus par le surgissement inattendu de policiers du LVPD grimés en quidams. Un joueur en pagne et chemise hawaïenne assis à la table de black jack fait tout à coup jaillir son badge en s'interposant dans une bagarre générale, rejoint par une blonde sculpturale juchée sur des talons hauts et un simili-balayeur mexicain tatoué. On ne les voit pas mais les forces de l'ordre sont partout, elles veillent pour que le fun ne finisse pas dans le sang : congressistes, couples en lune de miel ou familles en goguette doivent garder un bon souvenir de leur expérience de Las Vegas, pour faire oublier les centaines ou milliers de dollars perdus au jeu.

Parmi les gagnants, il y a les perdants volontaires, ceux qui correspondent à la définition du joueur selon Freud : celui qui perd pour se faire plaindre, être considéré et consolé. Aimé, en somme. Ils sont nombreux à chercher la perte ultime, celle qui met un point final à la soirée ou au séjour, sans retour en arrière possible. On les voit empiler les jetons avant de les lancer sur les tapis des tables de craps, hurler des incantations sans queue ni tête alors que la bille de la roulette ne s'arrête pas aux bons numéros, ou déchirer des cartes de black jack en consumant leurs dernières économies. Au fond, ils ne sont pas mécontents, ils seraient même déçus de gagner petit : mieux vaut perdre beaucoup que vivre tièdement.

« La définition du joueur selon Freud : celui qui perd pour se faire plaindre, être considéré et consolé »

*

David ne s'appelle pas David, mais appelons-le ainsi. Il perd plusieurs centaines de milliers de dollars chaque soir à la plus grosse table de poker. Nous sommes au printemps 2009, David ne s'appelle pas David, mais tout le monde connaît son prénom depuis qu'il est devenu un mème sur les forums américains et français. Tout le monde cherche à comprendre d'où vient son argent, qui semble inépuisable. David est d'origine française, et à part un célèbre chanteur de charme hexagonal, aucun autre Français ne joue à ses limites. Aucun ne peut se permettre d'enchaîner, depuis près d'un mois, des pertes à six chiffres chaque jour, sans ciller ni se plaindre. David est un perdant volontaire, lui aussi, mais d'un autre type.

Lorsque j'ai aperçu David la première fois à la « grosse table » du Bellagio, son accent anglais m'a rappelé les invectives des parties privées de Belleville. Il n'avait pas les codes, et j'ai essayé de comprendre ce qu'il faisait là. Devant mes yeux, il venait de perdre sans réagir un pot à plus de 300 000 dollars. Je demande à un ami joueur professionnel qui passait par là s'il en sait plus. « Il s'en fout de perdre, il est même là pour ça, m'a-t-il lâché, sibyllin. Je t'expliquerai plus tard. » Durant toute la semaine, j'ai croisé David presque chaque jour : au Bellagio (blinde 1 000-2 000 dollars, cave minimum à 500 000 dollars, recave illimitée) ; au MGM Grand à commander des grands crus impossibles à l'Atelier Robuchon ; à la *pool party* décadente Liquid, à l'Aria, les pieds dans l'eau et entouré de deux gardes du corps. À chaque fois, David était là, sans y être vraiment. Il consultait nerveusement son téléphone, recueillait les confidences d'un de ses gorilles au creux de l'oreille avant de changer brutalement d'endroit, escorté comme un animal traqué. Seules les caméras vidéo de la grosse partie du Bellagio semblaient lui offrir confort et sécurité.

Le vendredi soir venu, mon ami qui connaissait David m'envoya un message : « Tu viens ce soir à The Bank, la boîte du Bellagio ? On a une table, tu es invité. » Je connaissais les tarifs des établissements de nuit des casinos cinq étoiles du Strip : il faut réserver une table pour y entrer sans faire la queue (minimum : 5 000 dollars, pour six personnes), et les additions s'envolent au fur et à mesure que les *hosts* présentent des jeunes femmes aux clients dispendieux. La soirée était promue sous la délicate formule « *SUGAR DADDY* », et les cinq plus grosses additions se voyaient promises de la compagnie peu regardante à discrétion. En arrivant sur place à l'heure pile (22 heures), j'ai retrouvé mon ami et David, accompagnés de quatre autres joueurs américains que je connaissais de vue, et deux gardes du corps d'origine yougoslave. On n'attendait plus que moi, et le *host* nous avait escortés immédiatement jusqu'à notre table, bien placée dans un carré VIP près d'une des nombreuses pistes de danse. Un DJ star venait s'y produire, encaissant un cachet estimé à plus de 200 000 dollars après être arrivé en hélicoptère au casino. Je connaissais ce business lucratif du night-club made in Vegas, achèvement des week-ends millionnaires des plus gros joueurs. Il fallait en être, même si l'omniprésence de la sécurité et des liasses de billets laissait peu de place au fun et à la transgression.

David avait commandé une tournée générale de shots de cognac Louis XIII, à 200 dollars pièce – soit 1 400 dollars plus taxes et plus *tips* pour deux centilitres par personne. La première commande a vite enchaîné sur une deuxième : le but affiché était de faire partie des plus grosses additions, pour se voir offrir les *sugar babies* promises. Au bout de deux heures et une vingtaine de tournées, tout le monde était doucement ivre, malgré les discussions incessantes sur des anecdotes de tables de jeu qui ont tendance à m'endormir. David a demandé l'addition, qui flirtait avec les 40 000 dollars, réglée en cash à hauteur de 50 000 dollars, *tips* de 25 % inclus. Il attendait désormais les filles, véritable raison de sa venue et de sa flambe. Un *host* embarrassé s'est approché : il était confus et désolé, mais nous n'étions même pas dans le Top 10 ; il allait cependant nous présenter des amies qui « voulaient s'amuser ». L'affront était sûrement trop direct pour David, qui a décampé instantanément avec ses gardes du corps, furieux d'être un pauvre parmi les riches. J'ai regardé mon ami, hilare, et lui ai reposé la même question : « Mais d'où il sort tout cet argent ? » La basse vrombissante du morceau d'*eurodance* n'a pas eu besoin de couvrir ses éventuelles explications : il me donnerait tous les détails plus tard, après une nuit réparatrice.

*

Le lendemain, à l'heure du déjeuner, nous nous sommes retrouvés pour un brunch vaseux autour de la piscine du Bellagio – 150 dollars par personne, une musique lounge reposante, et des *cabanas* à louer à la demi-journée tout autour de l'eau javellisée. L'argent de David n'était pas vraiment de l'argent, a-t-il commencé à m'expliquer. C'est, comme souvent à ce niveau de *high-rollers*, pas tout à fait légal. David fait partie d'une bande d'escrocs originaires de Belleville, à Paris, qui ont gagné énormément les mois précédents, bien plus que lors de toutes leurs autres carambouilles. Cela se compte par dizaines, voire par centaines de millions. David a expliqué le principe de son « affaire » en ces termes : « C'est comme si tu passais devant la Banque de France, et que tu te rendais compte que la porte est ouverte. Au début, tu prends le blé qui est derrière la caisse, mais quand tu repasses le lendemain et que c'est toujours ouvert et sans surveillance, tu vas faire un tour du côté des coffres… » David, depuis, était recherché par Interpol, au nom des autorités françaises. En attendant, il flambait au vu et au su de tout le monde à Las Vegas. Il avait même participé à des émissions télévisées retransmises à l'international, encaissant les pertes avec le sourire. Il m'a fallu du temps pour comprendre. « Ce qu'il veut, c'est qu'on le voie tout perdre, sourit, énigmatique, mon ami. Une fois rincé devant les caméras des casinos ou de la télévision, il prendra un avion pour l'Europe et se fera arrêter par les flics, comme par hasard. Quand on lui demandera de rendre l'argent, il n'y en aura plus, bien sûr. » Je n'étais pas sûr de bien comprendre. « Vegas, c'est une grande lessiveuse. Tu te mets d'accord avec les autres joueurs. Tu leur craches tous tes jetons pendant des soirées, en public, mais derrière, ils te les rendent moins leur commission, en cash et sous une autre identité... » Quelques semaines plus tard, David a malencontreusement fait escale au Maroc, sur sa route pour Israël, et la police locale l'a arrêté pour l'extrader vers la France.

C'était la première fois que j'entendais parler de la plus grosse escroquerie du siècle, « l'arnaque à la taxe carbone ». David n'en était pas le plus gros maillon – d'autres membres de sa famille avaient « carambouillé » à des niveaux encore plus affolants – mais il était symptomatique de cette ville qui proposait, sous le regard omniprésent de la police, une grande machine de blanchiment. L'argent n'a ni odeur ni provenance, mais garde toujours de la valeur : ceux qui viennent flamber ne sont pas forcément là pour perdre et se plaindre, certains suivent un plan de jeu que seules Las Vegas et Macao permettent. Ici personne ne demande l'origine des fonds. Chacun prend sa part, son *wig* comme le disent les professionnels anglo-saxons, dans cette grande farandole d'argent liquide.

« C'était la première fois que j'entendais parler de la plus grosse escroquerie du siècle, « l'arnaque à la taxe carbone » »

Des années plus tard, Vegas s'est mise à la cryptomonnaie. Un nouveau public de vingtenaires ou trentenaires en short de sport et baskets à 3 000 dollars a fait son apparition après le Covid dans les gros casinos de la ville. Ils ont avantageusement remplacé les habituels escrocs internationaux. Désormais, ils « cavent » en cryptomonnaie, à partir d'un iPad sécurisé apporté par le casino. Une simple signature active le transfert d'un bitcoin alors à 60 000 dollars depuis le compte du joueur, et le casino lui offre en échange soixante jetons jaunes à 10 000 dollars (la couleur des jetons est commune à tous les établissements de Vegas). Il n'y a désormais plus besoin de sortir une lourde pince enserrant des centaines de billets de 100 dollars. Les prix ont explosé à partir de 2020 grâce à ces joueurs sans notion de la valeur de l'argent.

*

J'ai déjà eu à table des joueurs ayant transpercé le mur du jeu. C'était en 2011, et j'étais alors dans l'une des premières sessions de poker de mon séjour, dans la *poker-room* du Palms où j'avais désormais mes habitudes. J'ai appris les subtilités du jeu auprès des meilleurs pour mon film *That's Poker* en 2005, mais sans être passé par l'acquisition des bases. Pendant le premier mois, j'ai perdu systématiquement chaque soir une centaine de dollars, avant de revenir au jeu le deuxième mois, et de commencer à gagner le troisième. Depuis, je joue beaucoup à Vegas, Londres ou

Paris, à des limites raisonnables. Six années plus tard, assis avec 500 dollars devant moi quelques heures après être arrivé à l'aéroport depuis New York, j'ai réussi à « monter » un tapis de plus de 6 000 dollars devant moi – un miracle à ces limites, alimenté par la chance et la bêtise de mes adversaires qui semblaient vouloir me donner leurs jetons. Une place s'est libérée à ma droite, et une jeune femme s'est installée dans le siège du joueur éliminé.

Neesha était sublime. D'une beauté simple et immédiate, comme irréfutable : nez aquilin, peau olivâtre, port de tête aristocratique. Au beau milieu des joueurs en short, des femmes et des hommes faciles ou vulgaires, elle passait pour une apparition presque cinématographique, un miracle. Une épiphanie à portée de main. Alors que je pensais à me lever de table l'instant d'avant pour empocher mes gains, j'étais finalement resté quelques mains – un tour de table, tout au plus, m'étais-je menti – afin d'admirer ma voisine. Neesha était également brillante. D'une intelligence affûtée, d'un regard désabusé et impitoyable. Elle avait déposé 1 000 dollars devant elle, et jouait tous les coups. Au bout d'une demi-heure, elle avait triplé son tapis, mais cela ne semblait pas l'affecter. « Il faudrait que je fasse dix fois ça pour me refaire du black jack d'hier… », avait-elle lâché amusée. Neesha était danseuse classique, tout droit venue du Pakistan, métisse née d'un père américain et d'une mère pakistanaise. Elle avait intégré le Cirque du Soleil en tant que danseuse et trapéziste, et s'était installée à Las Vegas. Elle n'avait jamais joué de sa vie avant de découvrir la ville. Depuis, elle avait plongé. Neesha gagnait très bien sa vie en tant que danseuse – environ 15 000 dollars par mois – mais elle avait découvert le black jack, et ses salaires disparaissaient en quelques soirées. Elle avait donc pris un deuxième métier, serveuse de cocktails dans la salle High Limit du Wynn, où elle empochait jusqu'à 2 000 dollars de pourboires par session auprès des joueurs les plus riches de Las Vegas. Mais cela ne suffisait pas. Le black jack lui prenait tout, de plus en plus vite, s'était-elle confiée dans un éclat de rire léger. « J'ai réussi à refuser les offres des clients fortunés pour monter dans leur chambre, mais je ne sais pas si je vais pouvoir tenir très longtemps », avait-elle ajouté sur un ton détaché.

« Neesha gagnait très bien sa vie en tant que danseuse – environ 15 000 dollars par mois – mais elle avait découvert le black jack »

Neesha a remporté le pot suivant : 1 000 dollars de plus, dans une ville où l'on jouait à 10 000 dollars le point de black jack, une goutte dans un océan déjà tari. Neesha n'était pas à sauver, mais mes réflexes de saint-bernard du désert ne pouvaient s'empêcher de le penser. Pourquoi jouait-elle si cher, à une telle intensité ? « J'attends de faire un gros score, 1 million de dollars, et j'arrête puis je me casse d'ici, et je rentre au Pakistan. » Neesha a fini par monter son tapis à 10 000 dollars, puis elle s'est levée : « Je vais aller au black jack, en jouant raisonnable, 500 dollars le point, et transformer ça en 100 000 dollars. On se revoit bientôt ? » Elle m'a tendu sa carte de visite, qui précisait « Cirque du Soleil Entertainer », puis a disparu d'un pas décidé, avant de s'évaporer du casino. Au croupier qui semblait la connaître, j'ai demandé si elle venait souvent. Il m'a répondu par l'affirmative : oui, presque tous les soirs, avec les derniers billets de 100 dollars qui lui restent, histoire de « se refaire ». Dans son regard s'esquissait le destin tout tracé de Neesha : elle ne survivrait pas à cette ville. Le croupier le savait, je le savais, et Neesha n'en était pas dupe non plus. Malgré mes nombreuses tentatives, elle n'a jamais ouvert les messages que je lui ai adressés. Plus personne n'a jamais revu Neesha.

*

Le désert du Mojave n'accueille pas que des perdants honteux : certains sont magnifiques. C'est en l'explorant que je suis tombé sur la petite bourgade de Pahrump située dans le comté de NYE, toujours dans le Nevada. À peine quarante mille habitants, mais une particularité pour cet ancien campement de chercheurs d'or : les bordels y sont autorisés. Las Vegas ment depuis des décennies sur le commerce des corps, interdisant la prostitution mais la laissant s'installer partout. Pahrump a dû trouver un nouvel argument une fois ses mines d'or exsangues. Deux bordels aux décors de château fort d'albâtre ont ainsi été érigés à l'entrée de la ville, le Sheri's Ranch – luxueux et accueillant – ainsi que le Chicken Ranch, *since 1976*. Le premier a été racheté au début du XXIe siècle par un ancien flic à la retraite de Chicago, le second par un ancien maître d'école. L'ambiance, dit-on, y est familiale, et plusieurs mémoires d'anciennes *Madame* de ces *cathouses* ont été publiés au fil des années. L'ancienne mère maquerelle du Tout Hollywood Heidi Fleiss est venue y chercher la paix après sa sortie de prison – elle avait été condamnée pour proxénétisme après avoir fourni les plus grandes stars du cinéma américain des années 1990. *Madame* Fleiss élève désormais des perroquets et autres volatiles exotiques à Pahrump, dans sa frêle villa de stuc renommée pour l'occasion « Heidi's World ».

Ce ne sont pourtant ni le stupre, ni le sexe, ni la drogue – la trinité des visiteurs de la ville – qui ont motivé mon voyage d'une heure à travers le désert. Pahrump est à cent kilomètres à peine de Vegas, mais elle n'en a ni l'apparat ni les néons. La ville s'étend sur quelques kilomètres à peine, longues allées abandonnées peuplées de bâtiments frêles et grisâtres battus par les tempêtes de sable. Nous avons dû stopper quasiment net sur la route à cause des tourbillons qui s'élevaient du désert et bouchaient la vue. La majorité des passants se déplacent d'ailleurs à cheval, en provenance de l'un des nombreux ranchs équestres qui entourent la ville. Non, la raison de ce voyage express était tout autre :

« Ronald Wayne n'est pas n'importe qui : il a fondé Apple Computer en 1976 »

rencontrer un vieil homme contacté par téléphone après avoir trouvé son numéro dans les pages blanches. Il avait près de 80 ans à l'époque, se nommait Ronald Wayne, et vivait, m'avait-il précisé, dans une petite roulotte jouxtant Pahrump et son désert. Ronald Wayne n'est pas n'importe qui : il a fondé Apple Computer en 1976.

Wayne est de ces perdants magnifiques que l'Histoire a tout fait pour oublier. Affable, et ne regrettant rien de son parcours si singulier, il vit dans le dénuement sans jamais penser au destin de milliardaire qu'il aurait pu embrasser. L'homme m'accueille au rebord de sa vieille roulotte grise, un large sourire aux lèvres, et me fait asseoir dans un vieux canapé eighties, au milieu des albums de timbres et de monnaies anciennes, sa passion depuis toujours. Wayne était le troisième homme d'Apple, le grand frère aux jugements de Salomon choisi par les deux Steve – Jobs et Wozniak – pour arbitrer leurs éventuels désaccords. Wayne a fondé Apple Computer avec eux, et hérité de 10 % des parts ainsi que de la gérance de ce que l'on n'appelait pas encore une start-up. Designer industriel de métier, il a croisé Jobs chez Atari, puis dessiné le premier logo à la pomme, avant de démissionner quelques semaines plus tard par peur des emprunts nécessaires pour honorer les commandes. L'homme se souvient de Steve Jobs comme d'un bulldozer qui écrasait tout et tout le monde sur son passage : « J'avais le double de son âge mais nous nous entendions très bien, heureusement. C'est d'ailleurs le seul, je ne sais comment, qui a compris en un instant que j'étais homosexuel, alors que je ne l'avais jamais révélé à quiconque, m'a-t-il soufflé. Steve Jobs jouait avec les êtres humains comme s'ils étaient les pions d'un échiquier dont lui seul maîtrisait les règles. Il n'y a rien de mal à cela, mais je ne voulais pas être manipulé. Tout le monde aujourd'hui me demande si je ne regrette pas cette décision. Je serais multimilliardaire, si j'avais continué, en effet. Mais je ne l'ai pas regretté à l'époque et je ne le regrette pas aujourd'hui. Et j'ai des raisons pour cela. Tout d'abord, ma passion a toujours été le design de machines à sous. Je ne sais pas pourquoi, mais cela m'a toujours transporté... Bien plus que les ordinateurs. Quand je suis parti d'Apple, je savais que cela allait être un grand succès : c'était le bon produit au bon moment. Même si, comme tout le monde, je ne pouvais en imaginer l'étendue. Chez Apple, je serais resté toute ma vie dans l'ombre de deux géants. J'aurais été le plus riche des cadavres du cimetière local : Jobs était une tornade, je n'avais plus l'âge ni l'énergie de le suivre, et je serais mort d'une crise cardiaque. L'argent lui importait peu ; c'était l'idée de faire de nouvelles choses qui l'animait. C'est sa puissance qui l'a tué si jeune : il était tellement persuadé d'être plus fort que la nature qu'il en a été la victime. »

J'ai rendu visite à deux autres reprises à Ronald Wayne en deux décennies, et j'en ai même fait une petite série documentaire pour Arte, afin de ne pas oublier son histoire et son sourire désarmant. À chaque fois, il m'accueillait en gilet trois pièces un peu usé par le temps, gentleman d'un autre âge dans cette ville où sifflent les tornades et volent les planches de bois et les vieux pneus. Il a fini par m'avouer que son seul regret, tout de même, n'était pas d'avoir quitté Apple, mais d'avoir revendu l'original du contrat de création d'Apple, signé en trois exemplaires de sa main et de celle de Jobs et de Wozniak, pour 500 dollars à un prêteur sur gages à la fin des années 1990. Dix mois plus tard, il était adjugé aux enchères à 1 300 000 dollars.

*

J'aime autant l'élégance et le détachement des perdants que des gagnants. Souvent, ce sont les mêmes personnes, simplement croisées à un moment différent de leur nuit ou de leur vie. Bien des fois, j'ai profité des largesses absurdes de mes amis quand ils devenaient rois de l'instant, dans un renversement carnavalesque où le bouffon devient empereur, avant de retrouver ses vieux habits au réveil. Cet univers de possibles est unique en son genre, et nous donne à tous les mêmes chances de réussite. Même les plus aisés, les plus structurés, les plus roués, peuvent basculer, tandis que chacun peut à tout moment se retrouver propulsé au firmament, dans une sorte de gloire instantanée d'excitation pure.

En me ramenant vers l'aéroport lors de mon dernier voyage sur place, mon chauffeur s'est lancé dans un long soliloque. Grégory Peck – c'était son patronyme, attribué à la naissance par sa mère amoureuse de l'acteur du même nom – fonçait sur l'I-15 afin de contourner les embouteillages de ce 23 décembre 2023 tout en commentant les dizaines de petits boulots qu'il avait pu avoir dans cette mégalopole étrangement égalitaire : « Souvent, on te dit que la seule façon de gagner au casino, c'est d'en être le propriétaire, mais à Vegas, ça ne tient pas. Tous ceux que j'ai connus, les Maloof, les Steve Wynn, les Bob Stupak, même les Texans du Downtown, ils ont claqué un blé pas possible dans tout ce que Vegas offrait. Heureusement qu'à chaque journée, ils gagnaient des millions avec les gogos qui se pointaient claquer leur retraite, parce qu'autrement ils seraient déjà tous six pieds sous terre ! » Il a marqué une pause, après avoir copieusement klaxonné une Tesla rose qui zigzaguait entre les lignes, puis a repris son monologue : « À Vegas, l'arnaque ne s'arrête jamais. Ça fait travailler l'argent, il passe de main en main, du joueur au croupier, qui le file au chef de table, puis au chef de partie, puis au responsable de la salle, avant de l'amener à la banque. À chaque fois, on se sert un peu sur la bête. Tu vois, toi… Tu as passé quoi, trois ou quatre jours, et tu t'es bien amusé, non ? » Lorsque je lui avais précisé que je sortais d'un mois plein sur place, et que j'en étais à une bonne douzaine de séjours du genre, il a éclaté de rire. « Ah mais toi, tu sais déjà tout ça ! Et cette fois, tu t'es fait avoir ou t'as réussi à t'en sortir ? » Il me jaugeait du regard depuis son rétroviseur, se demandant à quelle sorte de pigeon il pouvait bien avoir affaire. Je repartais gagnant, mais ça s'est joué de peu, lui ai-je répondu, hasard, chance ou destin – à lui de choisir le terme.

Il a pris la sortie d'autoroute vers l'aéroport Harry McReid, redécoré pour la saison par de larges panneaux lumineux couverts de *showgirls* en mère Noël. Dehors, une bande-son de *jingle-bells* à la Elvis Presley résonnait depuis l'entrée flambant neuve de l'aérogare. Après avoir déposé mes deux lourdes valises hors de son SUV, Grégory Peck m'a dévisagé en attendant son pourboire. « On va se recroiser dans quelques mois à mon avis. Ici, tu es chez toi, non ? » Je lui ai tendu un billet de 100 dollars sans répondre, et j'ai pénétré dans le hall d'embarquement, laissant derrière moi le sol sablonneux et le souffle brûlant du désert, le parfum des casinos et l'hystérie des salles de jeux. Nous savions tous deux que je serais bientôt de retour à Paradise, Nevada.

Cinq itinéraires

1• En pleine vie locale

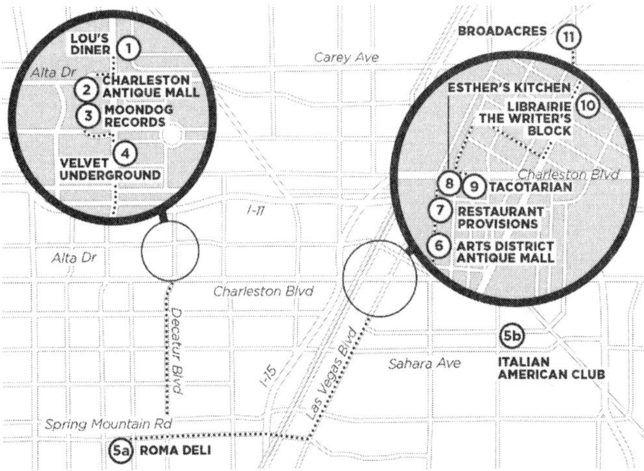

Si Las Vegas s'est transformé au fil des années d'une ville familiale (d'aucuns diraient mafieuse) à une cité presque entièrement aux mains de gigantesques corporations de l'hospitalité et du casino, il reste encore des traces de la dimension originelle de Vegas, et aussi des initiatives plus récentes qui permettent de quitter la démesure des énormes *resorts* qui peuplent le Strip.

Pour débuter l'exploration du visage humain de la ville, direction l'ouest, et l'un de ses *diners* les plus anciens, chez Lou's Diner (1), ouvert dès 6 heures du matin. Dans un décor fifties authentique, cet endroit a accueilli après la guerre les constructeurs des casinos du Strip (ouvriers mais aussi magnats qui y disposaient de leur salle privée). On se cale avec des *hashbrowns* maison – des pommes de terre râpées et rissolées – avant d'éliminer en marchant sur les grandes avenues adjacentes pour découvrir les magasins vintage du quartier – comme au Charleston Antique Mall (2), chez Moondog Records (3) ou dans une librairie de comics d'occasion située non loin (Velvet Underground (4)).

À l'heure du déjeuner, direction l'Italie et sa diaspora, omniprésente, et pas seulement sous les sculptures néo-modernes du Caesars Palace. Les premières générations d'immigrés italo-américains de l'après-guerre ont fait grandir Las Vegas, s'installant durablement dans le paysage du Strip et ses boulevards perpendiculaires. On pourra aller avaler un sandwich maison à moins de 10 dollars chez Roma Deli (5a), perdu en plein milieu du… Chinatown, ou on tentera de décrocher, à l'opposé de la ville, une table à l'Italian American Club (5b), une survivance des années dorées de Las Vegas, sur East Sahara. Toutes les grandes familles italo-américaines de la ville s'y retrouvent pour des tours de chant nostalgiques et une ambiance *scorsesienne* immanquable.

L'après-midi, une partie plus cotée de la ville s'ouvre aux visiteurs : le quartier d'Arts District (6) (principalement au nord de la Stratosphère, sur Main Street) regorge de tout ce que Vegas fait de plus local en termes de brocantes et d'antiquités. Le soir, on peut aussi y profiter de restaurants bio, comme le très couru Provisions (7) on Main St, mais aussi Esther's Kitchen (8) ou Tacotarian (9), qui mettent en valeur la gastronomie raisonnée à Las Vegas – une nouveauté dans le paysage de la ville, qui permet de quitter les grands ensembles et de se frayer une journée ou une soirée au milieu des locaux.

Si vous désirez plutôt changer de quartier sans trop vous éloigner, direction le Downtown, sur East Fremont et ses perpendiculaires, notamment avec la vie locale et hipster qui s'articule autour du Writer's Block (10), une librairie indépendante qui fédère toutes les communautés. Vous pouvez rejoindre le quartier à pied (vingt minutes environ, à travers des rues où on préférera ne pas s'attarder la nuit tombée), ou en taxi (15 dollars, cinq minutes).

Le week-end, c'est l'occasion de découvrir l'une des plus grandes communautés latinos des États-Unis – d'origine mexicaine et salvadorienne, principalement. Il suffit de faire un saut en taxi (30 dollars depuis le Strip), samedi ou dimanche, à Broadacres (11) (North Las Vegas Boulevard), non loin de la base aéronavale de Nellis, afin de vivre leur quotidien :

marché aux puces, légumes frais à prix raisonnables, tacos et boissons glacées accompagnent toutes les générations les vendredi, samedi et dimanche matin, avec en sus un orchestre traditionnel qui se produit gratuitement sur la grande scène centrale.

2• Une ville sans Histoire ?

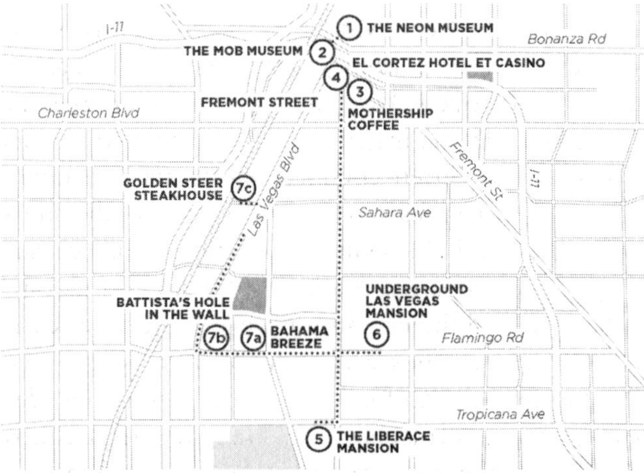

N'allez pas croire sur parole l'auteur de ce livre lorsqu'il prétend que Las Vegas est une ville littéralement « sans Histoire » : elle ne propose simplement pas le même rapport au passé et à la conservation qu'en Europe. De fait, un seul endroit célèbre véritablement l'histoire de Las Vegas, et il est l'émanation d'un groupe de chercheurs et d'étudiants de l'université de Las Vegas, UNLV. Le Neon Museum a commencé comme un dépôt presque sauvage d'anciennes enseignes lumineuses de casinos aux limites de la ville, et a continué comme un musée ouvert sur demande proche du Downtown (sur North Las Vegas Boulevard). On peut également louer les lieux pour une fête privée ou un shooting photo, tant la beauté plastique de ces rares mémoires du vieux Las Vegas est époustouflante. Le visiter au lever du soleil constitue le plus beau début de journée pour entamer une visite du Vegas historique.

Non loin du Neon Museum (traversez les rues qui séparent les deux endroits par taxi, car c'est le quartier le plus dangereux de Las Vegas), c'est bien sûr Fremont Street qui fédère la majeure partie de l'histoire de Las Vegas, avec son artère commerçante centrale qui ouvre sur les plus vieux casinos en activité de la ville, ainsi que sur le Mob Museum (musée un peu kitsch sur Vegas et la mafia, qui ouvre dès 9 heures du matin).

Avant de continuer votre journée au sein des casinos avoisinants, posez-vous sur la terrasse arborée du MotherShip Coffee et admirez les néons des vieux motels avoisinants. La plupart des casinos du Downtown ont été refaits à maintes reprises, mais il règne au El Cortez (surtout – mais aussi au Binion's ou au Golden Nugget) une atmosphère unique qui laisse imaginer ce que Vegas pouvait être dans les années 1950 et les décennies suivantes.

En début d'après-midi, les mieux organisés auront réservé très en avance une visite personnalisée de la Liberace Mansion, pour découvrir l'extravagance de celui qui fut lui aussi le roi de Las Vegas. Autre ambiance, mais tout aussi délirante, une visite du plus grand bunker/casino/villa de Las Vegas, l'Underground Las Vegas Mansion créé par un milliardaire paranoïaque au xxe siècle, avec ses décors rutilants censés résister à une bombe nucléaire.

Pour continuer à explorer l'âge d'or de la ville, sautez en fin d'après-midi à nouveau dans un taxi, direction l'ouest. Les grandes années de Las Vegas se cachent également dans ses rues impersonnelles, comme avec le mythique Battista's Hole in the Wall, la brasserie italienne la moins chère de la ville, fréquentée par locaux et touristes en quête d'authenticité (sur East Flamingo), mais aussi dans le décor hawaïen fifties du Bahama Breeze, encore un peu plus à l'est. Quant aux plus fortunés, ils réserveront à l'avance une place au steakhouse Golden Steer (sur West Sahara – à dix minutes en taxi ou en bus, *via* The Deuce), là où Sinatra avait ses habitudes : malgré l'allure très modeste de l'extérieur et le quartier assez peu recommandable, ce restaurant reste un must du Vegas vintage.

3• Des lendemains qui chantent

Aller à Las Vegas sans jouer ne serait-ce qu'une poignée de dollars est une aberration : Sin City est la ville du péché, bien sûr, mais avant tout du jeu.

Quelle partie choisir ? Les plus passifs opteront pour une machine à sous à 1 cent (elles ne payent pas, mais qu'importe car y passer du temps ne coûte pas cher) ; les malins s'assiéront au vidéo-poker, et boiront à l'œil tant qu'ils continuent de jouer ; les fêtards voudront vivre le frisson du collectif, en partageant une table de roulette ou de craps avec leurs voisins éméchés en soirée d'enterrement de vie de garçon ou de jeune fille ; les matheux se dirigeront vers la salle de poker ou compteront les cartes au black jack. Avec, parfois, si le hasard en décide ainsi, la gagne, le *gros* score.

Mais alors, où jouer, et comment fêter ses victoires ? Pour les plus dispendieux, on ne saurait que conseiller les plus beaux casinos du Strip : le Bellagio (1) (cadre de tournage des fameux films de la série *Ocean Eleven* et consorts) s'impose en premier choix, tandis que l'on peut rejoindre en une quinzaine de minutes le Wynn & Encore Casino (2) qui propose les parties les plus chères et le décor le plus élégant de la ville. À vous de choisir pour débuter votre soirée de flambe ! Ensuite, histoire de délaisser le luxe ostentatoire et de freiner les dépenses, on prendra un taxi pour rejoindre au nord les casinos du Downtown (Golden Nugget (3), surtout) ou explorer à l'ouest ceux de la banlieue proche (comme l'Orleans (4), et sa salle de poker locale à des prix très abordables, voire le Red Rock (5) et sa vue imprenable sur les rochers rougeoyants du canyon éponyme). Après s'être délestés de quelques liasses de billets, ceux qui aiment le dépaysement pousseront jusqu'aux limites du désert, au South Point Hotel & Casino (6), tout au sud du Strip, fréquenté par la *middle-class* américaine, puis un peu plus loin au M Resort (7), une véritable oasis située sur l'I-15 qui mène à Los Angeles.

Au-delà des montagnes de shopping absurdes que propose chacune des galeries commerçantes des grands casinos (notamment la galerie de l'Aria (8) et du Vdara, qui saura ruiner le plus dispendieux des multimillionnaires), on retournera dîner ensuite sur le Strip, avec un *teppanyaki* au Vdara-Aria (9) pour fêter ça (si vous avez été chanceux), un dîner aux chandelles pour les romantiques face aux fontaines du Bellagio chez le multiétoilé Picasso (10) (nommé ainsi pour son tableau original à l'accueil du restaurant), ou en s'offrant à quelques pas du Strip un menu Omakase à quelques centaines de dollars chez Kame (11). Pour les amoureux de grands chefs, Guy Savoy possède un établissement au Caesars Palace (12), Joël Robuchon a un atelier au MGM Grand (13), tandis que Wing Lei propose une nourriture asiatique grand luxe au Wynn (14), et que David Chang fait de même au Momofuku du Cosmopolitan (15), au sud du Strip.

Histoire de bien finir la nuit, adjoignez-vous ensuite le service d'un *host* qui vous ouvrira les clés des boîtes de nuit les plus VIP de la ville : vue idéale sur la ville depuis le toit du Palms (Ghost Bar (16)) et fin de soirée *chill* autour des piscines de l'Encore (la nuit) ou de l'Aria (pour les *pool parties* de début de journée)... Tout est possible, tant que vous y mettez le prix en réservant une table et un accès exclusifs à vos amis.

4• Vegas After Hours

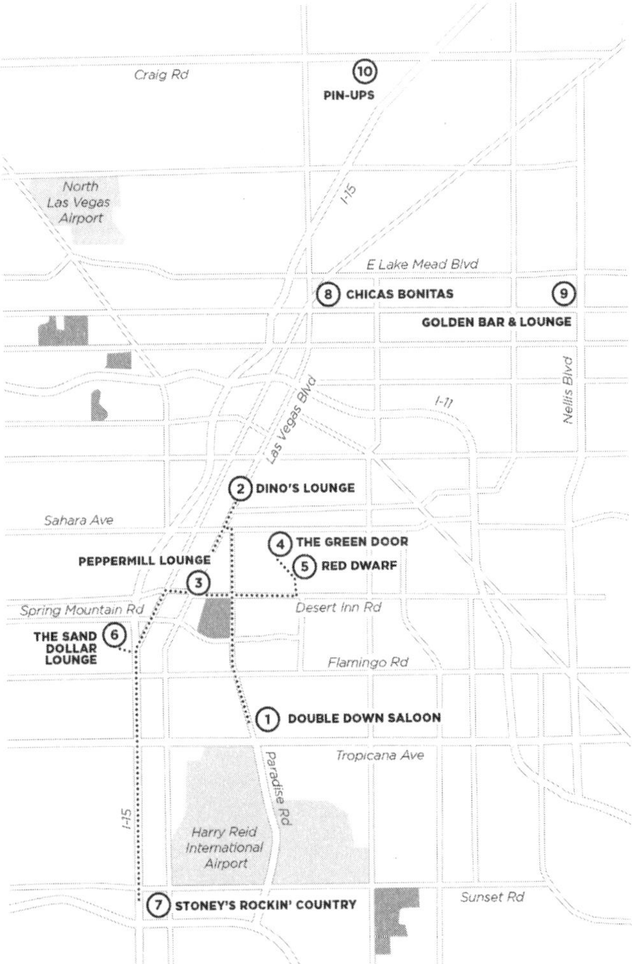

Les nuits à Las Vegas ressemblent parfois à une dérive improbable qui rappelle les aventures parfois malheureuses mais toujours inoubliables du héros du film *After Hours*, lors de sa nuit blanche de petit commercial de province dans la folie new-yorkaise des années 1980. À Las Vegas, tout est possible, et surtout le plus inattendu.

Direction, donc, les *dive-bars*, ces équivalents nord-américains de ce que Belges ou Français nommeraient des « rades », soit des bars locaux qui, à Vegas, sont ouverts nuit et jour, et accueillent une faune toujours surprenante pour des prix plus que modérés. Parmi les plus iconiques, on commencera par le Double Down Saloon (non loin de l'aéroport, sur Paradise Road) et son ambiance rock, metal et gothique agrémentée de soirées fétiches qui dévoilent tout un pan inconnu de la ville. Un lieu où tout peut facilement basculer. Une fois les oreilles débouchées à coup de larsens et autres guitares saturées, on part tester son charisme de chanteur d'un soir chez Dino's, à l'ombre de la Strat', sur le Strip, et son karaoké scène ouverte où se bousculent toute la nuit branchés, camionneurs et strip-teaseuses – Chris Martin, de Coldplay, y a tourné son dernier clip, grimé en fêtard de Vegas. Une fois la nuit bien entamée, direction (en taxi, pour être en toute sécurité) le Pepermill Lounge (sur le Strip également, après le Wynn), un bar qui ne ferme jamais et propose une ambiance intime à toute heure. Les plus aventureux iront directement au Green Door qui jouxte le Badlands, pour des fêtes LGBT ou échangistes qui n'en finissent pas, tandis que les locaux aguerris choisiront le Red Dwarf (sur Vegas Valley Drive, toujours à l'est), pour le *dive* le plus étonnant de la ville, avec ses clients riches en couleur. Et si vous cherchez de la bonne musique et une ambiance chaleureuse, Dino's laissera place au Sand Dollar Lounge, à l'ouest, sur Spring Mountain Road, au début du Chinatown, qui accueille les étudiants de toutes les communautés. Quant aux fans d'*Americana*, ils iront dès le début de soirée au Stoney's Rockin' Country, non loin du signe « *Welcome to Fabulous Las Vegas* », avec ses fêtes country et ses danses en quadrille, Stetson vissé sur la tête, qui plonge dans une ambiance digne de l'Arkansas ou de l'Alabama.

Si vous n'en avez pas assez, et que vous vous sentez une âme d'explorateur, allez ensuite tout au nord de la ville. Vous y trouverez des bouges improbables comme le Chicas Bonitas, un étrange *strip-club* latino où vous devrez passer par un portique de sécurité détectant les armes à feu. Vous pourrez aussi aller faire un billard au Golden Bar & Lounge (North Nellis Boulevard) ou pousser jusqu'au bien nommé Pin-Ups, au décor élégant et rougeoyant (sur East Craig Road). Entre toutes ces adresses, usez et abusez des dizaines de milliers de taxis et de VTC qui sillonnent la ville jusqu'à l'aube, pour assurer le maximum de sécurité.

5• Quitter la ville

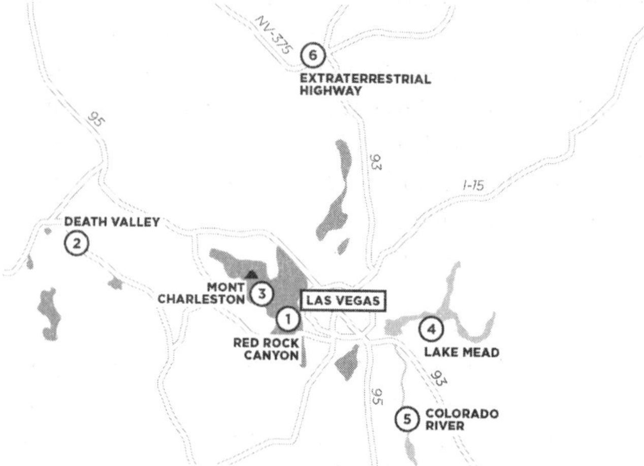

L'un des principaux intérêts de Las Vegas réside dans son ailleurs. Si l'on vient visiter la ville vingt-quatre ou quarante-huit heures, on n'aura sûrement pas le temps de profiter du désert du Mojave ou de la nature avoisinante, mais il faut absolument vivre l'expérience intense de la chaleur et la sécheresse qui entoure la ville si l'on en a l'opportunité.

Les choix sont cardinaux : c'est toute la ville qui est cernée par les étendues de désert, même si chacune a son identité, ses mystères, ses charmes cachés. Le plus évident, déjà : le Red Rock Canyon (1), un parc national aisément accessible en moins de trente minutes de route, direction ouest. Le chemin est tout tracé, mais vous pouvez vous arrêter à plusieurs aires de parking au beau milieu des rochers rouges du Red Rock, et entamer une randonnée à pied de votre choix. Faites très attention, comme toujours à Las Vegas : la chaleur, la sécheresse et l'insolation sont omniprésentes. Il faut donc se couvrir la tête, prendre plusieurs litres d'eau et ne pas partir seul à l'aventure. À une heure de route de là se trouvent la fameuse « Death Valley (2) », et notamment la ville utopique de Darwin, État dans l'État où les étrangers ne sont guère les bienvenus.

Toujours dans la même direction, le mont Charleston (3) propose une alternative plus fraîche au désert : plus vous vous approcherez de son sommet situé à plus de deux mille deux cents mètres d'altitude, plus la température va baisser, amenant même de la neige sur des pistes de ski qui opèrent la majeure partie de l'année. Situé à plus d'une heure en voiture du centre de Vegas, le mont Charleston propose des paysages étonnants, à partir de cactus enneigés et autres troupeaux de bisons qui profitent de l'herbe verte qui pousse sur les flancs de la montagne.

À l'est de la ville, la grande réserve d'eau du Lake Mead (4), située de l'autre côté du barrage Hoover Dam, fait les beaux jours des familles ou des groupes d'amis friands de navigation dans un décor littéralement lunaire. Vous pouvez louer à la journée de petits bateaux de croisière, barques ou Jet-Skis, dans la torpeur de la chaleur du désert, à moins de quarante-cinq minutes de voiture. Plus au sud, on peut également dépasser la bourgade de Boulder City pour rejoindre les petites routes accidentées du comté de Clark, non loin de la ville de Nelson, et arriver ainsi jusqu'à la puissante Colorado River (5), où de nombreuses familles locales aiment à se baigner ou pique-niquer.

Enfin, au nord, au-delà des oasis constituées par les belles réserves *native american* de Moapa, on peut traverser la réserve Desert National pour rejoindre la NV-375, route surnommée l'Extraterrestrial Highway (6) : la légende assure que les ovnis de toutes les autres planètes y ont leurs habitudes. On croise le long de cette route rectiligne qui part vers le nord-ouest à peu près tous les *freaks* et chasseurs d'ovnis que compte la région, et on pourra s'arrêter prendre un verre dans l'un des rares stops routiers pittoresques qui jalonnent cette étrange voie routière. Tout au bout, après trois heures de route, on atteint les vallées verdoyantes du parc national de Tahoe et les Preachers Mine du nord du parc Yosémite.

Quelques chiffres pour illustrer

UN TOURISME PRINCIPALEMENT DOMESTIQUE

41M de visiteurs annuels

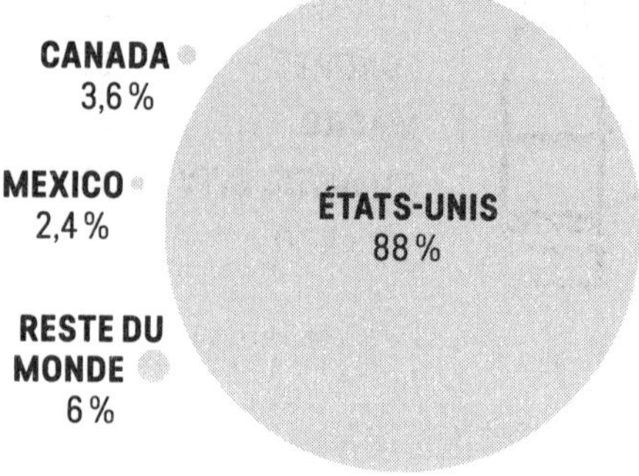

Durée moyenne sur place : 3,3 jours.

LA CAPITALE DU MARIAGE

Nombre de mariages enregistrés annuellement, en milliers.

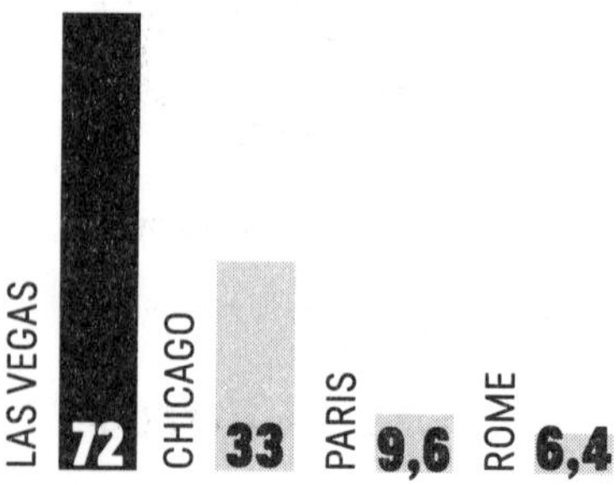

UN ÉTAT PEUPLÉ DE FANTÔMES

pour 19 municipalités habitées au Nevada

UNE VILLE SANS PLUIE

Moyenne annuelle de précipitations.

UNE VILLE GOURMANDE EN EAU

Consommation d'eau
par habitant et par jour.

Pour réduire la consommation, la ville offre 3 $ par mètre carré de gazon arraché.

LA VILLE DU JEU

Nombre de casinos.

LAS VEGAS	173
PRAGUE	54
LONDRES	51
MACAO	47
ATLANTIC CITY	10
MONACO	4

Budget de jeu moyen
par visite : 787 $

UNE CAPACITÉ HÔTELIÈRE HORS NORME

Nombre de chambres d'hôtel.

Las Vegas 150 000
Dubaï 147 000
New York 133 000
Paris 81 000
Venise 49 000

TOUT NE SE PASSE PAS TOUJOURS BIEN

Taux de suicide annuel
pour 100 000 habitants.

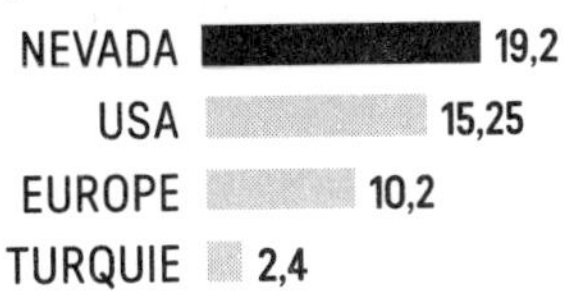

LE PLUS GRAND ÉCRAN AU MONDE

The Sphere **54 000 m²**

Taman Anggrek (Jakarta)
8 700 m²

The Place (Pékin) **7 500 m²**

Marriott Times Square (New York)
2 400 m²

Piccadilly Circus (Londres)
780 m²

Sources : visitlasvegas.com, climate-data.org, census.gov, The Wedding Report, lasvegasnevada.gov, worldcasinodirectory.com, Bloomberg, dhhs.nv.gov

Pour continuer le voyage

Las Vegas est une ville de mythe qui hante le cinéma, la littérature et l'imaginaire depuis sa création. Si la maxime veut que *tout ce qui se passe à Vegas reste à Vegas*, la fascination séculaire engendrée par Sin City a donné autant de (très) mauvais livres que de bons films, et *vice versa*.

CINÉMA

Casino (1995). Peut-être le plus beau film sur Las Vegas, son histoire mafieuse, et surtout son organisation en tant que ville du jeu. Une fresque monumentale de Scorsese qui entraîne dans le tourbillon d'une cité-vortex qui essore et broie les imprudents.

Showgirls (1995). Sorti la même année que *Casino*, le *Showgirls* de Paul Verhoeven pourrait passer pour son parent pauvre, et pourtant, sous ses allures de série B (une jeune femme pleine de rêves qui va lutter contre le machisme de la ville en devenant danseuse convoitée de tous dans le spectacle d'un casino de Las Vegas), le film propose une satire grinçante et *camp*[1] de l'Amérique et ses excès incarnés par la ville.

L'Incroyable Burt Wonderstone (2013). L'une des rares comédies familiales sur Las Vegas, où deux magiciens ringards, rois des shows nineties de la ville (David Copperfield ? Siegfried & Roy ?), affrontent une icône de la jeune génération qui veut les mettre à la retraite. Une allégorie des modes qui passent et lassent dans une ville qui brasse des millions de visiteurs.

Hacks (2021- ?). Série sur la scène humoristique de Las Vegas, là encore, et ses shows semi-éculés qui animent les nuits des plus petits casinos de la ville, c'est aussi une leçon de sororité entre une jeune humoriste montante et une gloire qui a abandonné ses rêves dans le désert du Mojave.

Leaving Las Vegas (1995). Troisième grand film sur Las Vegas sorti la même année que *Casino* et *Showgirls*, *Leaving Las Vegas* incarne parfaitement la mélancolie de la ville et sa *suburbia*, de ses motels et ses perdants magnifiques (ici, Nicolas Cage, en scénariste alcoolique, et Elisabeth Sue, en prostituée paumée).

1. Le style *camp* joue sur l'exagération, le grotesque, la provocation et l'ironie et émerge comme une forme de sensibilité importante dans les années 1960. Propre à la sous-culture gay masculine, il transforme des éléments considérés comme mauvais goût en expressions audacieuses et subversives.

Very Bad Trip (2009). La comédie un peu lourdaude de Todd Philips a un mérite : celui de parfaitement résumer, en images, les week-ends où tout bascule que vivent les groupes de *frat-boys & girls* venus à Vegas pour leur enterrement de vie de jeune homme/femme. Malgré le caractère fantasque de certaines scènes, on peut vous assurer que tout, en effet, peut se passer à Vegas.

Ocean 11 (2001). Sous-titré *Faites vos jeux*, le premier épisode d'une longue série initiée par Steven Soderbergh plonge dans un casino, réplique exacte du fameux Bellagio (avec ses fontaines et ses grands espaces luxueux), décrivant avec précision le ballet des joueurs, le système des *whales* et des *hosts*, mettant en évidence les milliards brassés par la ville. Chirurgical et jouissif.

No Sex Last Night (1996). Le film de l'artiste française Sophie Calle, « ni fiction ni documentaire », suit la traversée des déserts américains d'un couple qui ne s'aime plus. Arrivé à Las Vegas, leur solitude fait écho à celle d'une ville pourtant bondée de milliers de touristes.

Atlantic City (1980). Le chef-d'œuvre méconnu de Louis Malle (avec Burt Lancaster et Susan Sarandon) est un portrait en creux de l'autre grande ville du jeu américaine, Atlantic City, avec son grand Boardwalk qui jouxte l'océan Atlantique. À la place des néons flamboyants de Vegas, c'est le quotidien d'une ville fantôme et quasi abandonnée qui semble être le versant noir de sa grande sœur du Nevada.

That's Poker (2007). Coécrit par l'auteur de ce livre pour Arte (et disponible en DVD), ce documentaire long-métrage de quatre-vingt-dix minutes colle au plus près de la réalité de la vie de joueurs de poker, durant les championnats du monde WSOP 2006, avec une question qui sous-tend chacun des héros involontaires du film : comment se refaire ?

Justice à Vegas (2009). Cette série documentaire en dix épisodes signée Jean-Xavier Lestrade (récompensé aux Oscars pour *Un coupable idéal*) est sûrement ce qui se fait de plus poignant sur la vie des habitants de la ville. Cinq enquêtes, divisées en deux épisodes, plongent dans les entrailles de la ville, sa violence sociale et sa justice qui n'épargne que les riches. Avocats, procureurs, coupables et victimes se livrent dans ce joyau de cinéma-vérité produit pour Arte et rediffusé par Apple TV.

LIVRES

L'Enseignement de Las Vegas, par Venturi/Brown/Izenour. Le livre le plus abouti sur l'architecture de Las Vegas, ses grands principes sociaux et sociologiques, ses folies en termes de design et d'organisation de l'espace. Même si l'ouvrage initial date de 1972, il reste un chef-d'œuvre d'actualité qui permet de bien mieux comprendre ce qui se joue dans cette ville aux apparences futiles.

Lost Vegas, par Paul McGuire. Avec ses accents satiriques qui rappellent Tom Wolfe sur New York, ce roman documentaire sous-titré *Bienvenue dans la Redneck Riviera* croque avec méchanceté et énormément d'humour le « flux de perdants qui se déverse chaque minute sur le tarmac de l'aéroport de Las Vegas ».

Blue Angel Motel, *Sous les néons*, par Matthew O'Brien. Journaliste local à *Las Vegas Review*, Matthew O'Brien a édité quatre livres (dont deux seulement ont été traduits) sur sa ville d'adoption. Dans *Sous les néons*, il nous plonge dans les entrailles des tunnels d'évacuation des eaux où vivent les abandonnés et les déclassés de la ville de néons et de paillettes ; dans son recueil de nouvelles *Blue Angel Motel*, il fait voir toutes les couches de vies locales qui servent l'industrie du jeu et pousse les portes de quartiers inconnus aux touristes.

True Tales of the Mojave Desert, par Peter Wild. Un grand classique de la « littérature des grands espaces américains », jamais traduit en français. C'est en lisant ces grands récits de voyages arides ou en écoutant des conteurs du Grand Ouest américain tels que Peter Seeger que l'on visualise tout le poids mythologique que charrient ces régions à la nature dure, qui ne pardonne rien. Un voyage loin de Vegas, même si situé à quelques kilomètres à peine.

Zéropolis, par Bruce Bégout. L'un des livres les plus intelligents à propos de Las Vegas, signé par un philosophe et sociologue français qui approche la ville par cercles concentriques, depuis sa lointaine banlieue. Ode aux psychogéographes et aux situationnistes, ce livre donnera à tout lecteur l'envie de sauter dans le premier avion pour Vegas et d'y découvrir ce qui se cache au-delà du spectacle et de ses artifices.

Yucca Mountain, par John D'Agata. Son titre évoque le sujet du livre : la montagne du comté de NYE, à côté de Las Vegas, où sont enfouis des millions de tonnes de déchets nucléaires. Une fable écologique critique sur le capitalisme américain.

Las Vegas Parano, par Hunter S. Thompson. L'inventeur du « gonzo journalisme » a magnifié le mythe d'un Las Vegas de paillettes en y fonçant tête la première, le nez dans les amphétamines et les acides, en compagnie de son avocat tout aussi inconscient que lui. Si le film tiré de son récit se limite souvent à une fresque psychédélique, le style incomparable de Hunter S. Thompson en fait un monument de la littérature transgressive américaine.

Paradise Nevada, par Dario Diofebi. Jeune Italien pro du poker en ligne, Dario Diofebi raconte son expérience du jeu à « Paradise, Nevada », nom officiel de Las Vegas, au mitan des années 2020, dans une féroce satire du business des casinos et des rêves qu'ils charrient.

Joueur né, par Nolan Dalla. Les échecs ont eu Bobby Fischer, supernova autodestructrice, le poker a eu Stu Ungar, étoile filante qui aura joué pour des milliards de dollars et finira sans le sou à moins de 40 ans dans un motel pourri du nord de Las Vegas. L'histoire de gloire et de déchéance d'un surdoué du jeu qui avait tout pour devenir le roi de Vegas, avant d'en devenir la plus flamboyante des victimes.

Le Plus Gros Jeu, par Alvarez. Poète et journaliste au *New Yorker*, Al Alvarez magnifie la grande comédie humaine des championnats du monde de poker qui ont lieu chaque année à Las Vegas en dressant une série de portraits hauts en couleur et en expliquant les mécanismes invisibles de la ville du jeu.

MUSIQUE

On pourrait gloser longtemps sur les nombreux musiciens qui se sont produits en résidence à Las Vegas, du Rat Pack de Frank Sinatra, Dean Martin et Sammy Davis Jr, à Lady Gaga ou Céline Dion, mais je préfère réécouter en boucle les dizaines de versions du *Viva Las Vegas* d'Elvis Presley – façon hard-rock (ZZ Top), punk (Dead Kennedys), expérimental (The Residents ; Future 3000), rock (Bruce Springsteen), blues (Reverend Horton Heat), ou même disco (Amanda Lear ; Richard Cheese) – pour ses paroles qui décrivent si bien l'essence de la ville.

Bright light city gonna set my soul
Gonna set my soul on fire
Got a whole lot of money that's ready to burn
So get those stakes up higher
There's a thousand pretty women waitin' out there
And they're all livin' devil may care
And I'm just the devil with love to spare
How I wish that there were more
Than the 24 hours in the day
And even if there were 40 more
I wouldn't sleep a minute away
Oh, there's black jack, and poker, and the roulette wheel
A fortune won and lost on every deal
All you need's a strong heart and a nerve of steel
Viva Las Vegas with your neon flashin'
And your one arm bandits crashin'
All those hopes down the drain
Viva Las Vegas turnin' day into nighttime
And turnin' night into daytime
If you see it once, you'll never be the same again
I'm gonna keep on the run, I'm gonna have me some fun
If it costs me my very last dime
If I wind up broke up well
I'll always remember that I had a swingin' time
I'm gonna give it everything I've got
Lady luck, please, let the dice stay hot
And let me shoot a seven with every shot

Merci à tous ceux qui ont participé
à la réalisation de ce livre.
Notre petite maison d'édition indépendante
ne serait rien sans l'aide éclairée de nos partenaires :

Conception graphique et couverture :
Sébastien Jenger – Primo&Primo
Infographie : Lætitia Perotin – Primo&Primo
Cartes : Nicolas Jan
Portrait de l'auteur : Iris Hatzfeld
Composition et mise en pages : Nord Compo
Relations presse : Anne Vaudoyer
Diffusion et distribution : Interforum
Impression : Normandie Roto Impression

et surtout, merci à vous cher lecteur
qui tenez ce livre entre vos mains,
car c'est grâce à vous que notre aventure
prend tout son sens !

Et si vous avez des commentaires ou suggestions,
écrivez-nous à contact@arbrequimarche.fr

Ce livre a été imprimé sur des papiers certifiés
provenant de forêts durablement gérées,
et par un imprimeur qui s'engage
à réduire les impacts environnementaux
liés à son activité.

Achevé d'imprimer en avril 2025
sur les presses de Normandie Roto Impression s.a.s.
Dépôt légal : mai 2025
ISBN : 978-99987-801-0-1
Numéro d'impression : 2501911